Die legendären Monarchinnen, die einst Riesenreiche regierten, bewegten sich ebenso wie die mächtigen Frauen von heute im Spannungsfeld zwischen Macht, Mythos und Medien. Aber wie viel Macht hatten sie wirklich? Und was hieß es, als Frau an der Spitze einer Männerwelt zu stehen? Die Autorinnen zeichnen zehn facettenreiche Porträts berühmter Königinnen von Elizabeth I. bis zu Elizabeth II. Von der Tyrannin über die Kunstfigur bis zur Volksheiligen, von der Schneekönigin bis zum It-Girl werden sie in ihrer Wirkungsgeschichte und glanzvollen Inszenierung vorgestellt, wozu neben Malerei und Fotografie besonders der Film beitrug.

Daniela Sannwald ist promovierte Filmhistorikerin und als Publizistin und Ausstellungskuratorin tätig. Zahlreiche Veröffentlichungen mit den Schwerpunkten Schauspielerinnen, (Film-)Kultur und Mode. Seit 2004 freie Kuratorin für die Deutsche Kinemathek – Museum für Film und Fernsehen.
Christina Tilmann ist als Filmkritikerin und Autorin u.a. für die *Neue Zürcher Zeitung* tätig, mit den Schwerpunkten deutscher und osteuropäischer Film, Literaturverfilmungen und Filmgeschichte. Seit 2004 ist sie Dozentin am Studiengang Kulturjournalismus der Universität der Künste (UdK), Berlin.

Daniela Sannwald / Christina Tilmann

Königinnen

Macht und Mythos

ebersbach & simon

Inhalt

Königinnen

Frauen, Macht und Medien

Angela Merkel in Deutschland, Theresa May in Großbritannien, Dalia Grybauskaite in Litauen oder Kolinda Grabar-Kitarović in Kroatien: Sie sind Regentinnen im 21. Jahrhundert, die meisten von ihnen wenig glamourös. Und immer noch Ausnahmen: Im März 2017 sind es laut einer Studie des Washingtoner Pew Research Center weltweit 15 Frauen, die das höchste Regierungsamt innehaben, erschreckend wenige angesichts der knapp 200 in der UNO vertretenen Nationen. Ihre Vorgängerinnen waren Kaiserinnen und Königinnen, Herrscherinnen über Riesenreiche, die sich – wie Katharina von Russland, Queen Victoria oder Elizabeth II. – mitunter sehr lange an der Macht halten konnten. Wie haben die Königinnen des 16. bis 19. Jahrhunderts den Spagat zwischen Staatsräson und Privatleben gemeistert? Wie haben Zeitgenossen auf eine Frau auf dem Thron reagiert? Wie viel hatten sie überhaupt zu sagen, haben sie regiert oder bloß repräsentiert? Das sind die Fragen, die uns beschäftigt haben.

Zehn Königinnen werden porträtiert, von Elizabeth I. bis zu Elizabeth II. Was eint sie, und wo unterscheiden sie sich? Viele von ihnen werden sehr jung, oft noch als Kinder, auf den Thron gesetzt. Fast alle werden von ihren Beratern zur Ehe gedrängt, in der (irrigen) Annahme, ihre einzige Aufgabe bestände darin, dem Land einen (männlichen) Thronfolger zu schenken. Und nicht wenige verweigern sich dieser Aufgabe – oder verzweifeln, wie Marie Antoinette, angesichts eines unwilligen Ehepartners daran. Dass eine königliche Ehe glücklich verläuft (Luise und Friedrich Wilhelm III., Victoria und Albert) und sogar lange währt (Elizabeth II. und Prinz Philip), ist die Ausnahme und eher ein Phänomen der jüngeren Vergangenheit.

Macht und Repräsentation – das sind die beiden Säulen, auf denen der Mythos der Royals beruht. Die Königin als Landesmutter, als Wohltäterin an der Seite ihres Mannes, als machtbesessene Politikerin, die Männer das Fürchten lehrt, als keusche Jungfrau oder als männerverschlingende Erotomanin, als Prinzesschen oder als halber Kerl: Das sind Zuschreibungen, die die Darstellungen prägen. Malerei, Karikatur, Fotografie, Film und Boulevardpresse sind die Medien der Verklärung oder Verdammung.

Die Mythen der Monarchien konnte der Film

als seinerseits Mythen schaffendes Medium sich nicht entgehen lassen, umso mehr als das Kino von jeher Raum für Projektionen war und seine Stars stellvertretend in dem Glanz lebten und leben, den jedes Mädchen in seinen Prinzessinnenträumen ersehnt. Warum und wann aber werden bestimmte Herrscherinnen fürs Kino interessant? Wer hat sie wann dargestellt? Und wie kommt es, dass weder der Glanz der Monarchinnen noch der ihrer mitunter kongenialen Darstellerinnen je erlischt?

Die zentrale Frage aber war: Was heißt es, als Frau an der Spitze einer Männerwelt zu stehen? Es heißt zum Beispiel: zur Kunstfigur werden wie Elizabeth I. Auf die Krone verzichten wie Christina von Schweden. Zur Tyrannin werden wie Katharina die Große. Jung zu sterben und zur Volksheiligen zu werden wie Luise von Preußen. Oder erst in Unglück, Gefangenschaft und Tod zu wahrer Größe zu wachsen wie Maria Stuart und Marie Antoinette.

Glück ist in diesem Portefeuille nicht vorgesehen, ist wie die Liebe ein Opfer, das der Macht zu bringen ist. Dafür gibt es Luxus, Reichtum, Prunk – und die Verehrung der Künstler, die in Literatur, Kunst, Musik und nicht zuletzt im Film zur Unsterblichkeit der Herrscherinnen beigetragen haben.

Daniela Sannwald & Christina Tilmann

Elizabeth I., »Darnley-Porträt«, unbekannter Maler, um 1575

The Virgin Queen

Elizabeth I. von England (1533–1603)

Sie ist das Role Model schlechthin: Christina von Schweden beruft sich auf sie, um unverheiratet und kinderlos bleiben zu können, und entwickelt ihre Leidenschaft für Wissenschaft, Theater, Kunst und Prunk nach Elizabeths Vorbild. Auch Queen Victoria verweist auf die große Vorgängerin, um eine Ehe hinauszuzögern – und übertrifft sie dann, was die Länge der Regierungszeit angeht. Und noch Elizabeth II. folgt ihrer Namensvetterin, was den unbedingten Dienst am englischen Volk angeht, das Pflichtbewusstsein, das Zurückstellen eigener Ansprüche.

Elizabeth I. von England ist eine Legende, was den Prunk ihrer Hofhaltung angeht, den Witz ihrer Aussprüche, die Hitze ihres Temperaments und die Zahl ihrer Liebhaber. Ein Leben, konsequent eigenständig und selbstbestimmt, als Regierende *sui generis* mitten in einer Welt im Umbruch – so fällt die Entdeckung Amerikas in ihre Amtszeit, und Francis Drake nennt die erste britische Kolonie ihr zu Ehren Virginia. Dichter, Komponisten, Maler singen das Hohelied der rothaarigen Monarchin. Nur: sympathisch ist sie nicht.

Unabhängig, beratungsresistent, machtbewusst, kapriziös. Eine Herausforderung für ihren Beraterstab, der mit Elizabeths Launen, ihrem ungezügelten Temperament sowie ihrer notorischen Entschlusslosigkeit ebenso leben muss wie mit einem ständig wechselnden Kreis von Favoriten, von denen man nie weiß, wie weit ihr Einfluss reicht und wie lange er anhalten wird. Am Ende wird es immer das Wort der Queen sein, das entscheidet, über Gnade und Ungnade, Leben und Tod. Elizabeth unterschreibt Todesurteile auch für ihre Liebhaber ohne viel Federlesens.

Es ist lebensgefährlich, das Leben am Tudor-Hof. Was die Wahl der Mittel angeht, ist die Tochter Heinrichs VIII. ebenso rücksichtslos wie ihr Vater. Das ist finsterstes Mittelalter, mitten im 16. Jahrhundert: Mordkomplotte, Umsturzpläne, Rebellionen, und auf der anderen Seite Folter, Scheiterhaufen oder Schafott. Elizabeths Zeit ist die Zeit der Religionskriege zwischen Protestanten und Katholiken, zwischen Frankreich, Spanien und dem sich als anglikanisch gerade erst konstituierenden England. Und es ist die Zeit der Piraten, Welteroberer und Goldsucher – eine Zeit, wie geschaffen für Hollywoods Mantel- und Degenfilme, am liebsten mit Errol Flynn in der Hauptrolle.

Und gleichzeitig betritt da eine junge Herrscherin die Bühne der Weltpolitik, eine »Faerie Queene«, die die Künste, die Musik, den Tanz und schöne Kleider liebt und nichts so fürchtet wie den Krieg. Ihr geht es um das Wohlergehen ihrer Untertanen, und das Zeitalter, das nach ihr benannt wird, das Elisabethanische, ist Englands erste Blütezeit, die Zeit von William Shakespeare, Thomas Marlowe und Francis Bacon, die Zeit der eleganten Tudor-Gotik mit ihren wohnlichen, am menschlichen Maßstab orientierten Räumen, der kunstvollen Gärten, der farbenfrohen Paraden auf dem Fluss mit Feuerwerk und Wassermusik. Elizabeth, die sechs Sprachen spricht, selbst antike Philosophen übersetzt und von zeitgenössischen Dichtern als Gloriana, als Virginia, als Virgin oder Maiden Queen gefeiert wird, ist der glanzvolle Mittelpunkt eines Hoflebens, das vom spanischen Golde lebt und dem verarmten, militärisch schlecht gerüsteten Land unerwartet weltgeschichtliche Bedeutung verleiht.

Kein Wunder, dass sich Schauspielerinnen darum reißen, diese Frau zu verkörpern, viele von ihnen gleich mehrfach. »It's great to be a queen«, postuliert Helen Mirren, die 2006 Elizabeth I. spielt – und zeitgleich in Stephen Frears' Biopic *The Queen* Elizabeth II. Manchmal genügen schon acht Minuten, um mit einer Königin einen Oscar zu gewinnen: In John Maddens Komödie *Shakespeare in Love* spielt Judy Dench als Elizabeth mit ihrer Leinwandpräsenz und ihrem Mut zur komischen Hässlichkeit selbst Gwyneth Paltrow an die Wand. In nur vier Szenen taucht Denchs alternde Monarchin im Globe-Theater auf, amüsiert sich köstlich über einen Hund, der sich auf der Bühne danebenbenimmt, entschlummert laut schnarchend bei langen Monologen und ist am Ende die souveräne Schiedsrichterin, die entscheidet, dass wahre Liebe auf der Bühne (siehe *Romeo und Julia*) sehr wohl darstellbar, im wahren Leben (in der fiktiven Love-Affair zwischen Shakespeare und der theaterbegeisterten Lady Viola) aber nicht lebbar sei. Dafür gab es für sie den Oscar als beste Nebendarstellerin – Cate Blanchett, die im gleichen Jahr als junge Elizabeth ihre erste große internationale Leinwandrolle übernahm, musste sich mit einer Nominierung zufrieden geben.

Die alternde Elizabeth ist eine Paraderolle. Bette Davis, die ohnehin eine Vorliebe für herausfordernde, nicht auf körperliche Attraktionen setzende Charakterrollen hatte, lässt sich für ihre Darstellung der Elizabeth den Haaransatz rasieren – Produzent Hal Wallis bezeichnet ihre exzentrische Interpretation als »weiblicher Frankenstein«. Doch Schönheit hin oder her – ihre Elizabeth hat die Macht auf ihrer Seite, und damit auch die

Möglichkeit, sich junge Männer ins Schlafzimmer zu holen, wie es ihr passt. In *The private Lives of Elizabeth and Essex* ist es der Earl of Essex, er in seinen Dreißigern, sie weit über Sechzig. Die späte, skandalöse Liebesaffäre, die den leichtsinnigen Earl am Ende aufs Schafott führen sollte, wird in Michael Curtiz' Verfilmung eines Broadway-Erfolgs zur rasanten Screwball-Comedy – hier kämpfen zwei ungleiche Partner gleichermaßen um Liebe, Einfluss und Macht. Die deutlich spürbare Leinwandkonkurrenz zwischen dem Großstar Bette Davis und dem Publikumsliebling Errol Flynn sorgt für zusätzliche Spannung, sodass ungeachtet des überzeichneten Endes, in dem eine verzweifelt liebende Elizabeth dem von ihr zum Tode verurteilten Essex ihr Königreich zu Füßen legt, der Film über weite Strecken von echter Attraktion und gefährlichem Kräftemessen zeugt – eine Liebesgeschichte *larger than life*, in vollem Technicolor.

Sechzehn Jahre später, 1955, soll Bette Davis die Rolle der Elizabeth noch einmal spielen, in *The Virgin Queen*, diesmal mit Richard Todd als Walter Raleigh. Auch das wieder eine späte Liebesaffäre, auch hier wieder Machthunger und Berechnung neben echter Attraktion und Zuneigung – die Erotik der Macht, aber auch die Intelligenz und Stärke dieser außergewöhnlichen Frau scheint für ihre Höflinge tatsächlich ein starkes

Aphrodisiakum gewesen zu sein. Doch während Todd – mit der jungen Joan Collins als Elizabeth' Hofdame »Bess« Throckmorton an seiner Seite – alles mitbringt für einen schneidigen Mantel-und-Degen-Film der Fünfziger mit Fechtkämpfen und Verfolgungsjagden, überzeichnet die Davis hier gnadenlos. War sie im Film von Michael Curtiz tatsächlich, bei aller Groteske, eine große Liebende, ist sie hier nur noch Parodie.

Da ist Helen Mirren fünf Jahrzehnte später aus anderem Stoff. Auch ihre Elizabeth ist in der zweiteiligen HBO-Serie von 2006 eine alternde Frau, die sich demütigenden Ritualen wie der medizinischen Überprüfung ihrer Empfängnisfähigkeit unterziehen muss. Doch auch wenn sie in schwachen Momenten, als sie entdeckt, dass ihr Zögling Essex eine Liebesaffäre mit Frances Walsingham, der Tochter ihres Topberaters, unterhält, keifen und toben kann wie eine Furie, ist sie in den meisten Szenen ganz die überlebensgroße Monarchin. Drehbuchautor Nigel Williams hat ihr die komplexen Dialoge in elisabethanischem Hochenglisch geschrieben, und Mirrens Elizabeth ist voll natürlicher Majestät: beim Bad in der Menge, bei der Ansprache an ihr Heer in Tilbury, bei den Auseinandersetzungen im Rat, insbesondere mit ihrem etwas verwachsenen Berater Robert Cecil, mit dem sie aufrichtige Hochachtung verbindet.

Vor allem aber hat sie den richtigen Mann an ihrer Seite: Jeremy Irons spielt Robert Dudley, Earl of Leicester, ihren Jugendfreund, mit dem sie in eine gereifte Liebesbeziehung hineingewachsen ist: zwei, die verbunden sind durch lange gemeinsame Jahre, durch gegenseitige Hochachtung, durch ebenbürtige Intelligenz. Als Leicester ihr die Hinrichtung Mary Stuarts abtrotzt, hat er den Mut, der Schlächterei beizuwohnen und ihr danach zu berichten. Der Glanz der späten Liebe, die Vorahnung des nahenden Todes umgibt Irons' mit einer Aura bittersüßer Melancholie, die ihm hervorragend steht – hier ist ein großes Liebespaar zu erleben.

Mary Stuart ist – neben den diversen Affären – das große Thema, das kaum ein Elizabeth-Film auslässt, als reizvoller Spiegel diverser Filme, die Mary ins Zentrum rücken und Elizabeth zur Nebenfigur machen. Immer geht es um das Dilemma einer Verurteilung aus Staatsräson, mit der Elizabeth gleichzeitig ihr eigenes Verständnis von der Unantastbarkeit einer Königin opfert. Daher ihre notorische Entschlussunfähigkeit, ihr Taktieren, Zögern, Hinausschieben, während die Berater vor Rebellion, Verschwörung, Lebensgefahr warnen. Dieser Konflikt prägt sowohl die Fernsehserie *Elizabeth R* aus dem Siebzigern, in der Glenda Jackson eine versteinerte, gepeinigte, verzweifelt ihren Berater Walsingham beschimpfende Königin gibt, während

Vivian Pickles' Mary ganz im Reinen mit sich und ihrer kapriziösen Natur zu sein scheint: »Ich bereue nichts. Ich kenne meine Fehler und meine Tugenden. Gott hat mich so geschaffen, und ich bin glücklich, dass er's tat.« Eine Konstellation, die sich 2007 in Shekhar Kapurs *Elizabeth: The Golden Age* wiederholt. Hier ist es Cate Blanchett, die verzweifelt durch den Palast irrt, als ob sie vor ihrer eigenen Entscheidung davonläuft – und Samantha Morton, die als Mary gefestigt im Glauben im roten Gewand aufs Schafott steigt – in Sachen Würde eindeutig die Gewinnerin.

Die Angst, dass die katholische Mary Stuart ihre Ansprüche auf den Thron geltend macht, kommt nicht von ungefähr. Denn es ist eine andere katholische Mary, die Elizabeth' Jugend prägen sollte. Dass die Tochter Heinrichs VIII. überhaupt herrschen würde, war zunächst mehr als unwahrscheinlich. Ihre Mutter, Anne Boleyn, war auf dem Schafott gestorben, als klar wurde, dass sie dem Land keinen männlichen Thronfolger schenken würde – Justin Chadwicks Film *The Other Boleyn Girl* hat 2008 mit Natalie Portman diese unglückliche Figur gewürdigt. Elizabeth, die drei Jahre alt ist, als ihre Mutter hingerichtet wird, wird von der Thronfolge ausgeschlossen – und wie ein Paket hin- und hergeschoben, bei Hofe vorgeladen und zurück nach Hatfield House verbannt. George

Sydneys Film *The Young Bess* von 1953 betont vor allem die Beziehung zwischen der jungen Elizabeth und Thomas Seymour. Dass beider Darsteller, Jean Simmons und Stewart Granger, verheiratet sind, gibt der Geschichte mehr Glaubwürdigkeit, als der intrigierende, machthungrige Seymour verdient, dessen an Kindsmissbrauch grenzende Avancen der jungen Elizabeth gegenüber von den besorgten Dienstboten beobachtet werden. Doch auch die kühle Deborah Kerr als Catherine Parr, sechste und letzte Ehefrau Heinrichs VIII. und danach mit Thomas Seymour verheiratet, kann nicht verhindern, dass er wegen Verschwörung auf dem Schafott landet, und Elizabeth im Tower, wo sie sich des Vorwurfs der Unzucht erwehren muss – ihr erster öffentlicher Auftritt als selbstständig denkendes Subjekt.

Die Abhängigkeit von den Launen des alternden Königs, das unglückliche Schicksal ihrer Stiefmütter, die freundschaftliche Nähe zu ihrem Stiefbruder Edward, der 1553 15-jährig stirbt, und die nachfolgende Regentschaft ihrer Halbschwester Mary, die Elizabeth unbedingt zum Katholizismus bekehren will und wiederholt anklagt und im Tower inhaftiert, ist schon in Elizabeth' Jugend genug Drama für ein ganzes Leben. Sie ist 25 Jahre alt, als Mary stirbt und sie zur Königin von England gekrönt wird. Wie sie das

Cate Blanchett in ihrer Paraderolle als
»Virgin Queen« in *Elizabeth – The Golden Age* (2007)

wird, erzählt kein Film eindrücklicher als Shekhar Kapurs Überraschungserfolg *Elizabeth I* von 2007. Cate Blanchett ist die ultimative junge Elizabeth, schmalgliedrig, feinnervig, in ihrer rothaarigen Grazie den Porträts von Elizabeth I. geradezu unheimlich ähnlich. Als junges Mädchen tollt sie mit ihren Freundinnen im gleißenden Sonnenschein durch die Wiesen rund um Hatfield, während in den Regierungsräumen von Queen Mary Finsternis und Freudlosigkeit herrschen. Und auch wenn Joseph Fiennes als Jugendfreund Robert Dudley etwas glutäugig tumb daherkommt und Kapur unnötig exzessiv in Folter- und Hinrichtungsszenen schwelgt, ist mit dieser rothaarigen Australierin die quintessenzielle Personifikation der Sonnenkönigin ins Scheinwerferlicht des Weltkinos getreten. Wenn sie am Ende ihr langes Haar abschneidet und ihr Gesicht dick mit weißer Schminke bestreicht und beschließt, eine »Virgin Queen« zu werden, ist die Verwandlung eines Menschen in eine Kunstfigur perfekt – und gleichzeitig der Verlust, den das bedeutet, besonders schmerzhaft spürbar.

Maria I., Königin von Schottland,
unbekannter Maler, ca. 19. Jh.

Religion und Sentiment

Maria I., Königin von Schottland (Mary Stuart, 1542–1587)

Mächtige Burgen auf hohen Klippen, kahles, windgepeitschtes Land, vor der Küste die raue, bleigraue Nordsee, eine bitterarme Bevölkerung, grausame Rechtsmittel, Kälte, Sturmfluten und dazu immer wieder aufflackernde, religiös motivierte Kriegshandlungen – so stellt man sich Schottland im 16. Jahrhundert vor: finsteres Mittelalter, während weiter südlich die Renaissance, die Rückbesinnung auf die humanistischen und kulturellen Werte der Antike, längst stattgefunden hatte. Maria Stuart, eine der berühmtesten Königinnen der Geschichte, repräsentiert diese europäische Zerrissenheit mit ihrer ganzen Person und hat es vielleicht deswegen besonders schwer gehabt.

Sie war modern und rückständig, machtbesessen und irrational, mutig und starrköpfig: So beschreibt sie der Schriftsteller Stefan Zweig in seiner Biografie von 1935, in der er versucht, der kontroversen Gestalt gerecht zu werden, und gleichzeitig sein Befremden über sie nicht verbirgt.

Zweig hat gründliche Quellenforschung betrieben, kommt jedoch nicht umhin festzustellen, dass die historischen Belege einander widersprechen und die Mythenbildung um die Königin, die auf dem Schafott starb, bereits kurz nach ihrem Tod einsetzte.

Wie für alle anderen europäischen Königinnen war die Möglichkeit, über ihr Leben zu bestimmen, auch für Maria nicht vorgesehen; von Geburt an war sie ein Spielball nicht nur säkularer, sondern auch religiöser Machtinteressen: als Königin von Schottland mit einem durch komplizierte Erbfolgeregeln erworbenen Anspruch auf den englischen Thron und als Katholikin in einem Land mit einer starken Reformationsbewegung.

Maria war noch keine fünf Jahre alt, als sie Franz II., dem zukünftigen König von Frankreich, als Ehefrau versprochen wurde, der noch jünger war als sie: Im Sommer 1548 wurde das kleine Mädchen nach Frankreich gebracht, quasi ins Exil, denn ihre besorgte Mutter hatte Angst, sie in dem politisch unruhigen Schottland nicht ausreichend schützen zu können. Maria erhielt Unterricht in Sprachen, Reiten, Musik; ein eigener kleiner Hofstaat aus Freundinnen und Vertrauten stand ihr zur Seite. Ihre Kindheit scheint, auch wenn sie ohne Eltern aufwuchs, die glücklichste Zeit in ihrem Leben gewesen zu sein. Mit 17 Jahren wurde Maria als Ehefrau ihres kränklichen Kinderfreundes Franz II. zur Königin gekrönt, ein Jahr später war sie bereits Witwe und damit nicht mehr französische, sondern nur noch schottische Königin.

Als solche kehrte Maria Stuart 1561 nach Schottland zurück, wo man sie nicht gerade freudig erwartete: Das wilde, raue Land wurde kommissarisch vom Earl of Moray, einem unehelich geborenen Stiefbruder Maria Stuarts, regiert, der dabei auf die Oberhäupter der Clans angewiesen war: unberechenbare, gierige Lords, die im Wesentlichen auf ihren eigenen Vorteil bedacht waren. Und ausgerechnet John Knox, ein Exponent des radikalen Flügels der Reformation, predigte in Schottland den fanatischen Hass auf den Katholizismus, die »alte« Religion. »Wie ein Gewitter ... hält der Calvinismus das schottische Land überzogen, und jeden Augenblick kann sich zerstörend die Spannung entladen«, beschreibt Stefan Zweig die Situation beim Eintreffen Maria Stuarts: schwierig für eine Außenseiterin, noch dazu für eine, die in Frankreich Bildung, Kultur und mildes Klima schätzen gelernt hatte.

Außerdem regierte im benachbarten Königreich England Elizabeth I., eine entfernte Verwandte Maria Stuarts und kühle Machtpolitikerin, die deren Anspruch auf den englischen Thron fürchtete und ihr deshalb eine durch freundschaftliche Äußerungen kaschierte, durch Taten oder deren

Ausbleiben jedoch offenkundige verhaltene Feindseligkeit entgegenbrachte.

Für Maria Stuart schien es opportun, wieder zu heiraten; sie traf keine taktische, sondern eine emotionale Wahl, indem sie 1565 den jungen Engländer Henry Darnley, einen Katholiken, ehelichte, der nach der Überlieferung hübsch, elegant und eitel war – und dann beleidigt, weil niemand ihn als König ernst nahm und Maria weiterhin mithilfe ihres Ratgebers David Rizzio regierte. Von den ständig Ränke schmiedenden Lords ließ Darnley sich in ein Mordkomplott gegen diesen Vertrauten Marias hineinziehen, in dessen Folge Maria, die inzwischen hochschwanger war, unter Hausarrest gestellt wurde. Darnley, den Maria spätestens jetzt verabscheute, versuchte, sich wieder bei ihr einzuschmeicheln, indem er sich gegen seine Mitverschwörer wandte, und Lord Bothwell, einer von Marias Vertrauten, befreite sie aus der Haft. Im Juli 1566 brachte sie den Thronfolger James VI. zur Welt. Ihre Widersacher flohen nach England, und für kurze Zeit konnte Maria Stuart mithilfe loyaler Berater und Clans regieren, und das hieß vor allem, sich um innenpolitische Belange zu kümmern.

Aber sie ließ sich erneut von ihren Emotionen leiten; sie verliebte sich in Lord Bothwell, der Anführer verschiedener Milizen gewesen war, wie sie im französischen Exil gelebt hatte und sie rückhaltlos unterstützte, wofür er von ihr mit einem offiziellen militärischen Posten belohnt wurde. Die Gedichte, die Maria Stuart über Bothwell schrieb, sind erhalten und belegen vor allem die physische Attraktion, die er auf sie ausübte. »Die Leidenschaft Maria Stuarts zu Bothwell«, schrieb Stefan Zweig, »gehört zu den denkwürdigsten der Geschichte; kaum die antiken und sprichwörtlich gewordenen übertreffen sie an Wildheit und Wucht.«

Die wilde, rücksichtslose Liebesaffäre hat sehr wahrscheinlich Menschenleben gekostet und die beiden Beteiligten am Ende selbst zerstört. Als das abgelegene Haus, in dem Maria ihren an Syphilis erkrankten Ehemann untergebracht hatte, im Februar 1567 in die Luft ging, wobei Darnley zu Tode kam, vermutete man die Mittäterschaft Bothwells und ihr Mitwissen. Danach hat sich die Regentin offenbar weder von Bothwell distanziert noch ihre Mitwisserschaft bestritten. Vielmehr heiratete sie bereits im Mai den Mann, den die Öffentlichkeit für den Mörder Darnleys hielt.

Damit verärgerte sie nicht nur die verbündeten katholischen Nationen Frankreich und Spanien, sondern auch ihre loyalen Anhänger, die nun ihre Abdankung forderten. Auch mithilfe von Bothwells Heer konnte sie ihre Macht nicht aufrechterhalten; sie ergab sich, dankte zugunsten ihres einjährigen Sohnes ab, und ihr Stiefbruder James

Moray übernahm wieder die Regierungsgeschäfte, Bothwell ging ins Exil und starb später im Gefängnis. Maria Stuart war gerade 25 Jahre alt. Die darauf folgenden zwei Jahrzehnte verbrachte sie in mehr oder weniger komfortabler Gefangenschaft, zunächst in Schottland, dann in England, wohin sie floh, um Elizabeth I. um Hilfe gegen die aufständischen Lords zu bitten. Elizabeth verweigerte eine Begegnung mit ihrer Verwandten, verzögerte aber auch den von ihren schottischen Verbündeten verlangten Prozess gegen Maria Stuart. Die wiederum war nicht bereit, ihren Anspruch auf den englischen Thron aufzugeben, beteiligte sich an mehreren Verschwörungen gegen Elizabeth, wurde schließlich zum Tode verurteilt und im Februar 1587 hingerichtet.

Katharine Hepburn, Vanessa Redgrave und Zarah Leander sind die berühmtesten Darstellerinnen Mary Stuarts im Film, und vielleicht ist es Vanessa Redgrave, die 1971 in *Mary, Queen of Scots* der Regentin das Gesicht gab, das den zeitgenössischen Porträts des Hofmalers François Clouet am ähnlichsten ist. Redgrave spielt Maria Stuart als sehr bewegliche, ungestüme Frau, die sich von ihren Leidenschaften hinreißen lässt; allerdings ist sie viel zu alt für die Rolle, wie alle anderen Darstellerinnen Mary Stuarts auch. In dem Film wird, wie in der Dekade üblich, die

Geschichte vom Kampf zweier Königinnen mit viel angedeutetem und explizitem Sex erzählt und kann auch als verschwiemelte Kritik an der weiblichen Emanzipation gedeutet werden, denn beide Frauen nehmen sich, was sie wollen, notfalls mit Gewalt. Maria trägt häufig Hosen, und Elizabeth schlägt ihren Liebhaber. Ganz zum Schluss kommt es zu einer Konfrontation der beiden Königinnen: Maria Stuart im grau-schwarzen, klösterlich wirkenden Habit tritt einer in ein grün-goldenes, pelzverbrämtes Prachtgewand gekleideten Elizabeth gegenüber, die sie ein letztes Mal auffordert, ihren Anspruch auf den englischen Thron aufzugeben. Klar, dass auch im Film Maria Stuart unnachgiebig bleibt.

Eine schweizerisch-französische Verfilmung von 2013, *Mary Queen of Scots*, lässt dagegen Elizabeth nur als Handpuppe auftreten und visualisiert damit am ehesten die komplizierte Beziehung zwischen den beiden Frauen, die einander in der Realität nie begegneten. Auf diesen Aspekt konzentriert sich der Film; ihre im Off verlesenen tatsächlich überlieferten Briefe lassen den Eindruck entstehen, dass sie sich beide nach einer Freundin sehnten und einander hätten beistehen können, da sie sich in einer ähnlichen Lage befanden. Camille Rutherford als Maria Stuart überragt ihre drei Ehemänner, denen jeweils sie sexuelle Avancen macht, doch erst mit dem dritten, Bothwell, erlebt sie rauschhafte

Orgasmen, wie eine schnelle Kamerafahrt durch saftig-grüne Landschaft verrät. Lakonisch ist die gesamte Filmerzählung gehalten, die Maria zum Schluss in einer alptraumartigen Szene mit nicht abwaschbarem Blut an den Händen und einer auf dem Kopf angewachsenen Krone zeigt.

Mary of Scotland, der amerikanische Film von 1936 mit Katharine Hepburn in der Hauptrolle, steht eindeutig aufseiten einer heroischen, toleranten, zum Frieden entschlossenen Mary Stuart, die selbst dem protestantischen Aufwiegler John Knox friedliche Koexistenz anbietet und daher unschuldig ins Verderben gerissen wird. Katharine Hepburns Gesicht ist meistens hell ausgeleuchtet, und so überstrahlt sie ihre Höflinge, die rebellischen und Ränke schmiedenden Lords und ihre Widersacherin Elizabeth sowieso. Auch in diesem Film kommt es zum Schluss zu einer Begegnung der beiden Regentinnen, aber, so sagt Elizabeth, nur sie sei Königin, Maria Stuart dagegen einfach eine Frau.

Die beiden jüngeren Filme halten sich relativ genau an die historischen Fakten und zeigen die Ambivalenz ihrer Titelheldin, während die amerikanische Verfilmung von 1936 Mary Stuart uneingeschränkt zur Heldin erklärt. Das gilt auch für eine problematische deutsche Produktion von 1940: In *Das Herz der Königin* spielt der bekannteste

Tolerant und friedfertig: Katharine Hepburn als *Maria von Schottland* (1936)

Star des nationalsozialistischen Kinos, Zarah Leander, die Hauptrolle: üppig, statuarisch und mit dunkler Stimme schmerzvolle Balladen singend wie stets. Der Film stellt England, das zu der Zeit Deutschlands Haupt-Kriegsgegner war, als verweichlichtes, verräterisches Land dar, Elizabeth I. wird diffamiert – als eitel, illoyal und grausam. *Das Herz der Königin* ist kein harter Propagandafilm, sondern vor allem ein Melodram, aber in seiner Verunglimpfung Englands unmissverständlich. Die Königin folgt ihrem Herzen, ist damit ungeeignet für Politik, die sie in diesem Film auch nicht machen darf, aber deshalb kann man ihr auch nichts vorwerfen – sie hat eben den Falschen (Bothwell) geliebt. Und der sagt gleich zu Anfang: »Schottland ist ein hartes Land, kein Land für Frauen«, und damit stellt er im Grunde klar, dass Frauen nicht regieren können – entsprechend den nationalsozialistischen Geschlechterstereotypen.

Für die Darstellung von Elizabeth I. hat man sowohl 1971 mit Glenda Jackson als auch 1936 mit Florence Eldridge zwei wenig glamouröse Darstellerinnen gewählt und sie damit von Vornherein als Anti-Heldinnen definiert. Interessanterweise gilt das nicht für den nationalsozialistischen Film: Maria Koppenhöfer war eine theatererfahrene Königinnendarstellerin und ist mit ihrem nuancenreichen Spiel als Elizabeth I. attraktiv und überzeugend – so sehr, dass die Fehlbesetzung mit Zarah Leander umso auffälliger ist.

Die Geschichte Maria Stuarts wurde nicht nur in Film und Literatur unzählige Male erzählt – dramatisch etwa von Friedrich von Schiller und Elfriede Jelinek, musikalisch von Gaetano Donizetti und Robert Schumann, sogar als Musical. Trotz aller dieser Bearbeitungen ist der Stoff immer noch aktuell: Von 2013 bis 2017 lief in den USA die TV-Serie *Reign*, die mit Marias Zeit am französischen Hof beginnt und damit nachliefert, was viele filmische Adaptionen versäumt haben.

Christina Königin von Schweden,
undatiertes Gemälde von Sébastien Bourdon

Die Schneekönigin

Christina, Königin von Schweden (1626–1689)

Sie ist sicherlich der exzentrischste Fall unter den europäischen Königinnen: eine Königin, die nicht regieren will, eine Frau, die keine Frau sein will, eine Protestantin, die zum Katholizismus konvertiert. Christina von Schweden ist, obwohl sie im 17. Jahrhundert lebte, im Herzen ewig unzeitgemäß: modern in ihrem Pochen auf Unabhängigkeit und Freiheit, mittelalterlich in ihrer Verschwendungssucht, ihrer Grausamkeit, ihrem Beharren auf einem Königsrecht qua Geburt und göttlicher Fügung – und dann wirft sie das alles weg, Gott und Krone und Land, und schafft sich in Rom ihr eigenes Reich der Musik, der Kunst, der Wissenschaft. Ein Rätsel.

Der seltsame Fall dieser Monarchin hat alle beschäftigt, die Biografen, Psychologen, Filmregisseure – selbst August Strindberg schrieb ein Drama über sie –, aber auch schon die Karikaturisten und Schmähdichter ihrer Zeit. Auch die Tatsache, dass sie selbst wiederholt versucht hat, ihre Autobiografie zu schreiben, hat die Situation nicht klarer gemacht.

Das fängt schon mit ihrer sexuellen Orientierung an: Was war sie? Lesbisch? Libertinär? Ein Zwitter? Oder doch ein Mann? Die zeitgenössischen Porträts schmeicheln, die Zeitgenossen auch, aber sie können alle nicht verhehlen, dass Christina keine Schönheit war, klein und gedrungen, mit auffallend tiefer Stimme, ungepflegt und mit rauen Manieren. Noch in den Siebzigerjahren hielt man es für nötig, ihr Grab in Rom pietätlos erneut zu öffnen und ihre Überreste wissenschaftlich daraufhin zu untersuchen, welches Geschlecht diese Königin denn gehabt habe. Natürlich: Sie war eine Frau.

Was für ein Thema fürs Filmbusiness! Das doch ohnehin dazu neigt, seine Stars wie Königinnen zu inszenieren, um dann mehr am Privatleben der Leinwandköniginnen interessiert zu sein. Und hier kommt eine Königin, die privat so einiges zu bieten hat für Spekulation und Sensationslust, und wird von einem Star gespielt, der sein Privatleben eifersüchtig geheim gehalten hat. Greta Garbo, die große Rätselhafte, der man selbst lesbische Affären nachsagt, gibt sie in dem berühmten Film *Queen Christine* von 1933, dem Drehbuch nach sehr konventionell und klassisch romantisch: Die Königin, einsam in ihrem kalten Reich, nutzt für Ausritte und kleine Fluchten Männerkostüme und gerät in einem reizvollen Cross-Gender-Spiel unerkannt an den schwedischen Gesandten Don Antonio de la Prada, mit dem sie einige intime Nächte in einem eingeschneiten Gasthaus verbringt. Aus Liebe zu ihm dankt sie ab, doch er stirbt in einem Duell mit dem eifersüchtigen Nebenbuhler Magnus de la Gardie, und die Ex-Königin segelt einsam ihrem Schicksal entgegen.

So weit das – biografisch recht unzutreffende – Drehbuch: Weder starb der spanische Gesandte im Duell noch ist eine Affäre Christinas mit ihm belegt. Was Greta Garbo jedoch aus dem Setting macht, ist eine Art höherer Wahrheit, eine Annäherung an ihre berühmte Landsmännin eher aus dem Geiste denn nach dem Papier. Natürlich stehen ihr die Männerkleider, die Stulpenstiefel, weiten Hemden und breitkrempigen Hüte sowie der Pagenschnitt ganz ausgezeichnet, und natürlich trägt auch ihre verhaltene, zögerliche Spielweise ganz ungemein zum androgynen Aspekt bei, doch ihre Christina ist keine Frau, die aus Liebe ein Reich und die Macht wegwirft. Es geht, in einem Dialog mit ihrem Kanzler Axel Oxenstierna offen ausgesprochen, um Selbst- und Fremdbestimmung, darum, wie viel Entscheidungsfreiheit eine Königin hat, oder wie gebunden sie ist durch Wünsche und Erwartungen ihres Volkes. »I'm tired of being a symbol«, sagt sie, und: »I long to be a human being. This life is all I have«.

Greta Garbo wusste, was sie spielte – ihr war das Drehbuch, dass Christina zu einer leidenschaftlich

Die göttliche Greta Garbo im Cross-Gender-Spiel als »Schneekönigin« in *Königin Christine* (1933)

Liebenden machte, nicht recht, zumal sie als Schwedin die Geschichte ihrer Königin gut kannte: »Ich wache nachts oft auf und denke mit Schrecken daran, was passiert, wenn dieser Film in Schweden herauskommt ... Sie werden denken, ich weiß es nicht besser. Allein die Vorstellung, dass sie für einen kleinen Spanier ihren Thron aufgibt. Ich habe geglaubt, es würde so aussehen, als ob sie es tut, weil sie dem allen so überdrüssig ist, und aus einer grenzenlosen Sehnsucht nach Freiheit heraus ...« Den Überdruss, die Sehnsucht nach Freiheit, die hat sie ihrer Darstellung gleichwohl unvergesslich eingeschrieben, im befreiten Lachen, wenn sie mit ihrem getreuen Diener Aage hoch zu Ross im Schnee davonprescht, und vor allem in der legendären Schlussszene der Abreise aus Schweden. Wie eine Galionsfigur steht sie einsam am Bug des Schiffes, die Haare wehen im Wind, ihr Gesicht ist so schön wie ausdruckslos – die Legende will es, dass sie Regisseur Robert Mamoulian gefragt haben soll, an was sie denn denken solle, um den richtigen Gesichtsausdruck zu finden, und Mamoulian habe geantwortet: »Denk an überhaupt nichts.« So bleibt die rätselhafte Maske eine ideale Projektionsfläche für alle Interpretationen. Doch dass ihr Aufbruch eine Befreiungstat war, daran ist kein Zweifel: »The tide is full and the wind with us«, sind ihre letzten Worte im Film.

Christina ist 28 Jahre alt, als sie auf die Krone verzichtet, und seit zehn Jahren Königin. Seit sie fünf war und ihr Vater, Gustav Adolf II. Wasa, der Held des Dreißigjährigen Kriegs, 1632 in der Schlacht von Lützen fiel, ist sie auf ihre Rolle vorbereitet worden, wurde wie ein männlicher Thronfolger erzogen, hat Reiten, Jagen und Fechten gelernt, Mathematik, Astronomie, Geometrie und die antiken Sprachen studiert und von ihrem Kanzler, Axel Oxenstierna, alles erfahren, was dieser begnadete Staatsmann sie lehren konnte darüber, wie ein Land zu regieren sei. Und sie hat ihre Lektion gelernt, wenn auch nicht ganz in seinem Sinne. Eine ihrer ersten eigenständigen Handlungen war es, auf Beendigung des Dreißigjährigen Krieges zu drängen und Oxenstiernas Sohn den Westfälischen Frieden in Osnabrück verhandeln zu lassen – »I want peace, and peace I will have«, sagt Greta Garbo im Film.

Für ihren Charakter und ihr Interesse an den Künsten bezeichnend ist ihr Streben, den kargen, protestantischen Hof in Stockholm mit aller Macht zum glanzvollen Musenhof umzuwandeln. Sie holt niederländische Schauspieler, französische Tänzer und italienische Musiker an den Hof, schart Gelehrte und Wissenschaftler um sich, korrespondiert mit René Descartes, den sie im Oktober 1649 nach Stockholm einlädt – er stirbt dort drei Monate später, vermutlich an einer Lungenentzündung, auch wenn es Gerüchte gibt, er sei wegen seiner revolutionären Ansichten vergiftet worden. Christina schreckt nicht davor zurück, noch während der Friedensverhandlungen einen Großteil der Kunstsammlung Kaiser Rudolphs II. von Prag nach Stockholm verbringen zu lassen – der »Prager Kunstraub« bringt ihr mit über 760 Gemälden, 270 Statuen und 300 wissenschaftlichen Instrumenten den Grundstock einer Kunstsammlung ein, von der das schwedische Nationalmuseum bis heute profitiert, genauso wie die Universität von Uppsala von der Beutekunst aus dem Dreißigjährigen Krieg. Mika Kaurismäkis Film *The Girl King* von 2005 zeigt mit Malin Buska eine burschikose Königin, die sich an ihren Schätzen, den Folianten, Bildern, wissenschaftlichen Instrumenten berauscht und mit ihrer Gefährtin Ebba Sparre Sex auf der »Teufelsbibel«, dem legendären Codex Gigas hat – so drastisch kann sich nur unsere Zeit die von Greta Garbo einst bloß zart angedeutete lesbische Liebe zwischen den beiden ausmalen.

Doch Homosexualität hin oder her: Belegt und von den Zeitgenossen wiederholt thematisiert ist Christinas Weigerung zu heiraten – sie wolle »keines Mannes Ackerfurche« sein, ist als ihr drastischer Ausspruch überliefert. Und je stärker Oxenstierna und die anderen Räte darauf drängen, es sei an der Zeit, endlich ihren Cousin Karl Gustav (oder irgendeinen anderen protestantischen Kandidaten) zu heiraten und dem Land einen Thronfolger zu schenken, desto stärker weigert Christina sich, taktiert, verzögert, bis sie schließlich eindeutig erklärt, im Leben nicht heiraten zu wollen. Ihre Abdankung, ihre Konversion zum Katholizismus, wo Jungfräulichkeit und Ehelosigkeit ganz anders geschätzt werden als im Protestantismus, hat sicherlich viel mit diesem Druck zu tun.

Wie erklärt sich diese Verweigerung? Psychologische Deutungen sind viele vorgetragen worden, von homosexueller Veranlagung bis zu frühkindlicher Prägung: Christinas Mutter, Maria Eleonora von Brandenburg, hat nach dem Tode ihres Mannes einen extremen Trauerkult betrieben, seinen Leichnam jahrelang nicht freigegeben und auch ihre Tochter gezwungen, mit ihr im Bett unter dem in einem Kasten verwahrten Herzen des Königs zu schlafen. Sie ist, als schöne, schwache, nachgerade verrückte Ehefrau für Christina ein abschreckendes Beispiel, wohin eheliche Liebe führen kann – und vielleicht ein Grund für ihre lebenslange Geringschätzung von Frauen. Mindestens ebenso plausibel jedoch erscheint, dass eine Thronanwärterin, die in allen Dingen wie ein Prinz zum Regieren erzogen wurde, die sich an antiken Vorbildern orientiert, es am Ende nicht als ihre einzige Bestimmung akzeptieren kann, dem Land einen Thronfolger zu schenken. Christina war zum Herrschen erzogen, nicht zum Gebären. Und diese Erziehung prägte sie ihr Leben lang: Ihr Vorbild ist Elizabeth I., die »virgin queen«.

Was nicht heißt, dass sie nicht geliebt hat. Ebba Sparre, die schöne Hofdame, mit der sie in einem Bett schläft und der sie bis zu deren Tod zärtliche Briefe schreibt. Ihren Vetter Karl Gustav, mit dem sie zusammen im Haus ihrer Tante Katharina Wasa erzogen wird und den sie später zu ihrem Nachfolger Karl X. ernennen wird. Den schönen Magnus de la Gardie, der sich Hoffnungen auf den Thron macht und nur der erste einer ganzen Reihe von verantwortungslosen Höflingen ist, die sich auf Christinas Kosten schadlos halten. Vielleicht sogar den spanischen Gesandten, wer weiß. In einer Szene in *Queen Christine* entbrennt in einem Gasthaus ein Streit darüber, wie viele Geliebte die Königin in einem Jahr hatte, sechs oder neun. Die Garbo, unerschrocken und cool, gibt als Parole aus: »Sechs oder neun. Ist beides falsch. Die Wahrheit ist: Es waren zwölf«. Die zeitgenössische Gerüchteküche weiß noch von viel mehr, wenn sie Christina als Hetäre oder Hexe verdammt.

Doch einen gibt es, einen späten Freund, von dem auch der bislang ungewöhnlichste Christina-Film erzählt. *The Abdiction* von 1974 zeigt die Bergman-Muse Liv Ullmann als Christina 1655 bei ihrer

Ankunft in Rom. Noch beratschlagen die Kardinäle, wie der prominente Gast, dessen Konversion zwar als Sieg über den Protestantismus gefeiert, dessen Ruf jedoch alles andere als makellos ist, in Rom zu empfangen sei, da ist sie mithilfe ihres Bediensteten, des Zwergs Birgito (Michael Dunn), schon per Seil über die Mauern des Vatikan geklettert. Kardinal Decio Azzolino (Peter Finch) bekommt den heiklen Auftrag, die Schwedin auf Herz und Nieren zu examinieren, wie ernst es ihr mit dem Übertritt ist. Der Film, zentriert um Gespräche zwischen Christina und Azzolino, die eher geistigen Duellen ähneln, und unterbrochen von Rückblenden auf ihr früheres Leben, zeugt von der Freude der Siebzigerjahre an psychologischen Sitzungen, ähnelt eher einer langen Therapie als einer stringenten Handlung. Doch Christina, diese »strange, tormented, confused, couragious, brilliant creature«, wie Azzolino sie nennt, ist eine ebenbürtige Partnerin, und aus dem, was der Film recht diskret als heiße, aber am Ende entsagende Passion schildert, wird tatsächlich und für diese stürmische und ungezügelte Königin unerwarteterweise eine lebenslange Freundschaft.

34 Jahre, bis zu ihrem Tod 1689, wird Christina, unterbrochen von diversen Reisen, in Rom bleiben, zunächst im Palazzo Farnese, ab 1659 im Palazzo Corsini in Trastevere, den sie erneut zu einem Musenhof umgestaltet. Decio Azzolino bleibt

dort ihr regelmäßiger Gast – und stirbt, zu ihrem Nachlassverwalter ernannt, nur sieben Wochen nach ihrem Tod. Das war mehr Kontinuität, als sich die unstete Schneekönigin in ihren Träumen vom heiteren Süden je hatte ausmalen können.

Katharina II., Gemälde von Vigilius Eriksen,
um 1778/79

Die Frau des Jahrhunderts

Katharina II. von Russland (1729–1796)

Sie wechselte ihren Namen und ihre Religion, um eine der mächtigsten Frauen aller Zeiten zu werden: Katharina II. stammte eigentlich aus dem kleinen deutschen Fürstentum Anhalt-Zerbst und hieß Sophie Auguste. Sie galt als Anhängerin der Aufklärung, korrespondierte mit Voltaire und Diderot; sie gründete Schulen und setzte eine Verwaltungsreform durch, die das Riesenreich überhaupt erst regierbar machte; sie hatte mehrere Kinder von verschiedenen Liebhabern; sie billigte möglicherweise den Plan zur Ermordung ihres Gatten Peter III., der kurz nach seiner Entmachtung durch das ihr ergebene Militär starb; sie führte Kriege, die den russischen Machtbereich erheblich erweiterten. Katharina II. regierte 34 Jahre lang und ist die einzige Herrscherin, die jemals den Beinamen »die Große« erhielt.

Als die anhaltinische Fürstentochter Sophie Auguste vierzehn Jahre alt war, fand die russische Zarin Elisabeth, sie sei als Gattin für ihren Neffen Peter geeignet, der als Thronfolger der kinderlosen

Zarin vorgesehen war. Eine bessere Partie konnte eine kleine Prinzessin nicht erhoffen, und so begaben sich Sophie und ihre Mutter auf eine knapp zwei Monate lange Reise, die sie über Berlin, Reval und St. Petersburg nach Moskau führte, wo sie im Februar 1744 eintrafen.

Aus heutiger Sicht ist es erstaunlich zu lesen, wie früh die Kindheit im 18. Jahrhundert aufhörte und welche Verantwortung und Strapazen jungen Menschen aufgebürdet wurden. Katharina selbst schrieb in ihren Memoiren nichts über ihre Reise, wohl aber über ihren ein Jahr älteren Gatten: »Ich sah Peter III. zum ersten Male im Jahre 1739, als er elf Jahre alt war (...). Bei dieser Gelegenheit hörte ich (...) davon sprechen, dass der junge Herzog zum Trunke neige und ihn seine Umgebung nur mit Mühe daran hindern könne, sich bei Tische zu betrinken.« Erstaunlich hellsichtig und vom Geist der Aufklärung beeinflusst, analysiert sie: »Diesem Kinde wünschte seine Umgebung das Ansehen eines fertigen Menschen zu geben, zu welchem Zwecke man ihn unaufhörlich belästigte und ihn unter einem Drucke hielt, der ihm jene Falschheit einpflanzen musste, die seitdem den Kern seines Charakters bildete.«

Sowie Sophie in Moskau eingetroffen war, bekam sie Unterricht in Russisch, Tanzen, Reiten und griechisch-orthodoxer Religion; vor ihrer Verlobung im Sommer 1744 trat sie zum orthodoxen Glauben über und erhielt den Namen Jekaterina Alexejewna. Die Hochzeitsfeierlichkeiten folgten ein Jahr, die Geburt des prospektiven Thronerben jedoch erst neun Jahre später. Obwohl es ein offenes Geheimnis war, dass die Ehegatten wenig Gefallen aneinander fanden und sich anderswo schadlos hielten, wurde Katharinas Sohn Pawel Petrowitsch von Peter und seiner Tante offiziell anerkannt. In solchen Fällen siegte der Pragmatismus über die Moralvorstellungen. Die Hofmalerin Anna Rosina de Gasc, die wie Katharina aus Deutschland stammte, schuf 1756 ein Familienidyll, in dem der zukünftige Zar Peter III. zwar das Zentrum bildet und seine sitzende Frau und den zweijährigen Sohn hoch überragt; dennoch zieht Katharina im silbernen, pelzverbrämten Gewand und mit breiter roter Ordensschärpe quer über der Brust den Blick des Betrachters auf sich. Es ist, als ob die Malerin die Stärke der inzwischen 27-jährigen Frau gespürt und im Bild gebannt hätte. Der kleine Pawel trägt einen federgeschmückten Turban, der farblich mit dem Kleid seiner Mutter korrespondiert, und ein Hündchen auf dem Arm. Interessant ist, dass trotz des nicht existenten Familienlebens – Pawel wurde kurz nach der Geburt von seiner Mutter getrennt – auf dem Gemälde ein solches Ideal behauptet wird.

Die Filme über Katharina kümmern sich darum nicht. Stattdessen wird die Anwärterin auf den Zarenthron wahlweise als unerfüllt liebende Gattin – Elisabeth Bergner in *The Rise of Catherine the Great* – oder glamouröse Verführerin – Marlene Dietrich in *The Scarlett Empress* – dargestellt, einer englischen und einer amerikanischen Produktion aus dem Jahr 1934. Interessanterweise lebten beide Darstellerinnen ebenso wie die von ihnen gespielte Figur fern der Heimat, und das nicht freiwillig: Sowohl Elisabeth Bergner als auch Marlene Dietrich waren vor den Nationalsozialisten geflohen und machten in England und den USA Karriere.

Beide Filme erzählen von Katharinas Weg zur Macht – die Thronbesteigung Katharinas markiert jeweils das Happy End. Der Film mit Elisabeth Bergner beginnt als Verwechslungskomödie nach Art der Tonfilmoperette: Die kleine, zierliche Elisabeth Bergner als Katharina und der glamouröse Douglas Fairbanks als Thronfolger begegnen sich in den weitläufigen Räumlichkeiten des Schlosses, ohne einander zu kennen, und klagen einander ihr Leid, weil sie zur Heirat gezwungen sind. Dieses Motiv taucht in unzähligen Filmen auf, in denen Majestäten eine Rolle spielen – von *Ich und die Kaiserin* (1933) bis *Sissi* (1957) –, immer wieder darf sich das Filmpublikum darüber freuen, dass es mehr weiß als die Protagonisten. In *The Rise of Catherine the Great* ist das Schloss hübsch und hell – von Habsburgischer Heiterkeit, denn der Production Designer Vincent Korda war noch in der k.u.k. Monarchie geboren. Entsprechend fesch ist die Leibgarde und Peter III. ein etwas unerzogener Lebemann. Katharina müsse, so empfiehlt die herrische Zarin, ihren Neffen eifersüchtig machen, dann würde er sich seiner Frau schon zuwenden. Diese erfindet dann eine unglaubliche Geschichte von 17 Liebhabern – auch hier weiß das Publikum mehr als Peter – und kriegt ihn nach zwei Ehejahren tatsächlich ins Bett. Danach allerdings behandelt er sie umso schlechter, und als seine Tante im Sterben liegt, wird klar, dass er von der Ausübung der Macht eine andere Auffassung hat als die humane Katharina, die dann mithilfe der Garde zum Wohle des russischen Volkes putscht: »Ich stehe vor euch als die Mutter von ganz Russland und kämpfe für euch.«

Ganz anders inszenierte Josef von Sternberg seinen Star Marlene Dietrich: Ihre Katharina ist von Anfang an kokett und flirtet bereits heftig mit dem russischen Gesandten, der sie nach Moskau holen soll. Der Zarenhof wurde vom deutschen Emigranten Hans Dreier als expressionistisch anmutende Höhle gestaltet – voller bizarrer Holzfiguren in gequälten Posen, zwischen denen die Menschen verschwinden. Peter ist ein imbeziles Monster, der mit Zinnsoldaten spielt und bei Exekutionen zuschaut. Umso glanzvoller

Die große Zarin (1934) mit Marlene Dietrich als glamouröse Verführerin in der Rolle der »Jahrhundertfrau«

inszeniert Sternberg dagegen die Dietrich: Man sieht ihr Gesicht immer wieder hinter Schleiern und netzartigen Geweben in Großaufnahme, halb im Schatten, sodass ihre Schönheit ein Geheimnis zu bergen scheint. Sternbergs Film ist eigentlich immer noch ein Stummfilm – sehr viele Zwischentitel erklären, was die Bilder nicht zeigen, die Dialoge sind knapp, dafür begleitet ein überwältigender Soundtrack die Bilder. *The Scarlett Empress* ist ein reiner Dietrich-Film: Kostümdesigner, Kameramänner und Beleuchter arbeiten für sie – ein strahlender Stern inmitten des finsteren Schlosses. Auch hier kommt es zum Eklat, als Peter sie öffentlich mit seiner Geliebten – immerhin hat er eine – brüskiert und nach dem Tod seiner Tante Russland mit Terror zu überziehen droht. Katharina, die hier tatsächlich mit der halben Leibgarde angebändelt hat – so deutet es der Film wenigstens an –, bringt Teile des Militärs mühelos auf ihre Seite und dieses dann Peter um. In der Uniform der Kosaken reitet sie an der Spitze einer berittenen Einheit in den Palast ein: mit schief sitzender Pelzmütze, kniehohen Stiefeln und strahlendem, verführerischem Lächeln. Und das Volk jubelt.

Tatsächlich bestieg Peter kurz nach dem Tod der Zarin Elisabeth im Sommer 1761 den russischen Thron. Eine seiner ersten, unpopulären Regierungsmaßnahmen war ein Bündnis mit Preußen – Peter verehrte Friedrich II. –, gegen das Russland bereits seit sieben Jahren Krieg führte. Außerdem steckte der Zar sein Heer in preußische Uniformen und verärgerte es damit nachhaltig. Dass er deutschen Verwandten hohe Posten in der Regierung zuschusterte und es sich als Lutheraner zudem mit der griechisch-orthodoxen Geistlichkeit verdarb, verschaffte ihm mächtige Feinde. Nur eineinhalb Jahre später ließ sich Katharina zur Zarin erklären und enthob ihren beim Volk unbeliebten Gatten seines Amtes – mithilfe einiger Regimenter und der Unterstützung der Kirche, zu der sie stets ein gutes Verhältnis gepflegt hatte. Katharina war 33 Jahre alt, als sie Zarin wurde. Der Biograf Reinhold Neumann-Hoditz beschreibt: »Jubelnde Garden zu Pferd und zu Fuß empfingen Katharina an der Stadtgrenze und huldigten ihr in den Regimentsquartieren. Sie trugen die alten, vertrauten Uniformen; der ungeliebten neuen Monturen hatten sie sich schnell entledigt. (...) Katharina wurde zur Kaiserin ganz Russlands ausgerufen, ihr Sohn Paul zum Thronfolger bestimmt.« Nach zeitgenössischen Zeugnissen war Katharina empört, als ihr wenige Tage später die Nachricht von der Ermordung ihres inhaftierten Gatten zu Ohren kam – sie war jedoch klug genug, um zu begreifen, dass man sie für mitschuldig halten würde, und versuchte, das Verbrechen durch eine Krankheitsgeschichte zu vertuschen. Weder im

Ausland noch im Inland glaubte man ihr – das war die Bürde, mit der Katharina ihre Herrschaft antrat.

Eine bonbonbunte italienisch-jugoslawische Produktion von 1963, *Caterina di Russia*, zeigt eine sehr erwachsene Hildegard Knef in der Hauptrolle, die an der Seite ihres Gatten Peter III. bereits Landesmutter ist. Knef ist auf der Höhe ihrer Attraktivität: mit stark geschminkten Augen und toupierter Frisur sieht sie nun wirklich nicht nach Spätrokoko, sondern nach Sechzigerjahre-Moderne aus – eine überlegene, sexy Kaiserin, umschwärmt von Offizieren und Diplomaten: Das durchweg italienische Ensemble gestikuliert und agiert mit klischeehaft südländischer Heißblütigkeit, die Assoziation mit Russland fällt schwer. Immerhin sieht man in diesem sehr auf die Reize Knefs setzenden Film einen Zug von zerlumpten, geschundenen Gefangenen, die nach Sibirien geschafft werden, mit den Augen Katharinas, die daraufhin den Beschluss fasst, solche Grausamkeiten ein für alle Mal abzuschaffen. Die Schlacht der Kosaken gegen das ihrem Mann ergebene Heer wird als blutiges Massengemetzel inszeniert: Auch einen Tyrannen zu entmachten kostet einen hohen Preis. Am Ende von *Caterina di Russia* reicht die Kaiserin dem siegreichen Kommandanten der Kosaken, Graf Orlow, die Hand, und man ahnt, dass er spätestens jetzt ihr Liebhaber werden wird.

Alle drei Verfilmungen beziehen sich vage auf die von Katharina selbst verfassten Memoiren, die allerdings dann abbrechen, als es interessant wird: kurz vor ihrem Regierungsantritt. Das mag den Drehbuchautoren zupassgekommen sein – lassen sich doch rasante Aufstiegsgeschichten effektvoller verfilmen als Berichte vom Regierungsalltag. Katharina war fleißig, intelligent und zu Beginn ihrer Regierungszeit womöglich voller guter Absichten, die jedoch durch verfestigte Strukturen, Korruptionsnetze und eine willkürliche Rechtsprechung konterkariert wurden. 1765 begann sie eine sogenannte Instruktion zu erarbeiten, nach der ein neues Gesetzbuch im Geist der Aufklärung entstehen sollte. So wurde etwa in ihrer Regierungszeit die Folter abgeschafft, nicht aber die Leibeigenschaft der Bauern, weil zu viele Adlige davon profitierten, auf deren Unterstützung die Zarin angewiesen war. Im Jahr 1775 setzte sie eine Verwaltungsreform durch: Das russische Kaiserreich wurde in 40 Gouvernements eingeteilt und Bildungswesen, Armenfürsorge und medizinische Versorgung der Zivilbevölkerung wurden zu Staatsangelegenheiten erklärt. Welche Widerstände überwunden werden mussten, um eine solche Reform zu realisieren, kann man sich vorstellen.

Eine Ahnung von solchen Mühen der Ebene vermittelt zumindest der Fernsehfilm *Catherine the*

Great (1996), in dem Catherine Zeta-Jones die Titelrolle spielt, und in dem sie ausgiebig ihren makellosen Körper zur Schau stellt. Wohl nicht zuletzt deshalb war die deutsch-österreichisch-amerikanische Koproduktion Zeta-Jones' Sprungbrett nach Hollywood. Erzählt wird, wie die Zarin sich gegen immer neue Widersacher behaupten muss, von aufrührerischen Mönchen bis hin zu einem – historisch verbrieften – falschen Zaren, in dem Teile des abergläubischen Volkes den verschollenen Peter III. zu erkennen glaubten. Sie tut dies mithilfe ihrer Liebhaber, unter denen ihre große Liebe und wichtigster Berater Fürst Potemkin hervorsticht, mit dem auch die reale Katharina von 1774 bis zu ihrem Tod ein enges Verhältnis pflegte. Die Jahrzehnte gehen allerdings an Katharinas Darstellerin spurlos vorüber: Die Maskenbildner haben Zeta-Jones das Altern erspart, was nicht einmal die Hofmaler taten: Porträts aus späteren Jahren zeigen die Zarin als reife, etwas gedrungene Frau mit Doppelkinn.

Gemeinsam ist den Katharina-Filmen also, dass sie eine prinzessinnenhafte Kaiserin zeigen und damit Mädchenträume bedienen. Eine gefestigte Monarchin gibt für einen Spielfilm offensichtlich zu wenig her.

Caroline Mathilde, Königin von Dänemark und Norwegen, Gemälde von Peder Als, um 1767

Hunger nach Leben

Caroline Mathilde, Königin von Dänemark und Norwegen (1751–1775)

Intrigen und Ränkespiel gehörten zu den machtpolitischen Strategien an sämtlichen europäischen Höfen des 18. Jahrhunderts, und auch das Königreich von Dänemark und Norwegen, die vergleichsweise kleine Monarchie, blieb davon nicht verschont. Protagonistin der dramatischen Entwicklungen um 1770 ist die ehemals englische Prinzessin Caroline Mathilde, die sich in den sechs Jahren ihrer Regierungszeit als Königin von einer verschüchterten Repräsentationsfigur zur glühenden Reformerin entwickelte und dafür büßte.

Als sie 13 Jahre alt war, wurde Caroline Mathilde, die jüngste Schwester des englischen Königs George III., genannt nur Mathilde, mit dem dänisch-norwegischen Thronfolger, einem ihrer Cousins, verlobt: Den Dänen war an guten Beziehungen zu Großbritannien gelegen; der umfangreiche Ehevertrag sah vor, dass das Mädchen bei seiner Heirat aus dem englischen Königshaus ausscheiden und samt ihrer Mitgift ins dänische überwechseln sollte.

Ihr zwei Jahre älterer Verlobter, Christian VII., galt weder körperlich noch geistig als gesund: Er war an der Regierung nicht interessiert, zelebrierte sexuelle und gewalttätige Ausschweifungen in der Öffentlichkeit. Außerdem war er offenbar von ausnehmender Hässlichkeit, die selbst die geschönten Porträts von Hofmalern wie Jens Juel oder Alexander Roslin nicht gänzlich verbergen: Eine spitze Nase, hervorquellende Augen und ein fliehendes Kinn charakterisieren sein Gesicht, dazu muss er klein und schmächtig gewesen sein. An seiner Braut, in ihrer rosigen Rundlichkeit der Typ der *English rose*, hatte er kaum mehr Interesse als sie an ihm. 1766 heirateten die beiden, während Christian gleichzeitig zum König gekrönt wurde, bald zeugten sie den obligatorischen Thronfolger, der Anfang 1768 zur Welt kam. Mathilde war 16 Jahre alt. Von da an hatte die Königin offenbar Ruhe, zu viel vielleicht: Ihre Biografen bezeichnen die junge Frau als aufgeschlossen und durchaus gewillt, sich auf das unbekannte Land und seine Bewohner einzulassen. Aber das Leben auf Schloss Christiansborg erlaubte ihr kaum eigenständige Aktivitäten. Dennoch unternahm sie ausgedehnte Spaziergänge durch Kopenhagen und stieß dabei auf die Sympathie des Volkes, das seine Regentin sehen wollte. Die Biografin Maria Helleberg erklärt: »Viel zu lange hatte sich die Königsfamilie versteckt. ... Das Volk hatte [sie] nicht zu Gesicht bekommen. Nur die Symbole. Prunkkarossen, Vorreiter, Lakaien, Eskorten. Alles, was Geld kostete.«

Keine der Schauspielerinnen, die Mathilde verkörperten, ähnelt den zeitgenössischen Porträts auch nur ansatzweise: Madeleine Carroll, eine der vielen kühlen Blondinen, die durch Alfred Hitchcock zu Starruhm kamen, spielte die Rolle 1935 in der britischen Produktion *The Dictator.* Sie war damals fast 30 und wirkt – auch durch das in den Dreißigerjahren übliche, wenig bewegliche Spiel – viel zu alt für die Rolle. Die Französin Odile Versois spielte die Königin im bundesdeutschen Drama *Herrscher ohne Krone* (1957) mit sehr wenig Dialog, weil sie Deutsch offenbar kaum beherrschte, und die Schwedin Alicia Vikander gab Mathilde 2012 Gesicht und Gestalt im dänischen Film *En kongelig affære.* Die blitzsaubere, beinahe kindlich anmutende Ausstrahlung der jungen Schauspielerin verhalf ihr wenig später zu internationalem Ruhm.

König Christian VII. wird von den eher unauffälligen Darstellern Emlyn Williams in *The Dictator* und Mikkel Boe Følsgaard in *En kongelig affære* gespielt, in *Herrscher ohne Krone* jedoch von dem damaligen Teenager-Idol Horst Buchholz, dessen Popularität die von Odile Versois bei Weitem

Alicia Vikander als lebenshungrige Caroline Mathilde beim Tête-à-tête mit Struensee (Mads Mikkelsen) in *Die Königin und der Leibarzt* (2012)

überstieg – die Figur der Königin bleibt marginal. Henny Porten, ein Star des deutschen Stummfilms, hatte bereits im Jahr 1923 Mathilde gespielt in *Die Liebe einer Königin*. Es mag sein, dass die blonde, blauäugige Schauspielerin mit ihrer kompakten Statur der wirklichen Caroline Mathilde von allen Darstellerinnen am ähnlichsten war.

Tatsächlich muss Mathilde, eine Zeitgenossin und Bewunderin der Zarin Katharina von Russland, innerhalb weniger Jahre nicht nur eine auffällige Verwandlung von einer willenlosen Puppe zur engagierten, politikinteressierten Landesmutter gemacht, sondern auch für sich persönlich das Recht auf Freiheit und Selbstbestimmtheit vehement eingefordert haben. *En kongelig affære* nimmt größtenteils die Perspektive Mathildes ein, in den anderen Filmen spielt die Königin eine eher kleinere Rolle. Hier jedoch beschreibt sie in einem langen Brief an ihre Kinder ihren sechsjährigen Aufenthalt in Dänemark, ihren Aufstieg und Fall – großer Stoff für eine lange Rückblende. Erzählt wird, wie bereits der Vorspann ankündigt, eine Geschichte aus dem Zeitalter der Aufklärung, als die Ideen Voltaires und Rousseaus sich in ganz Europa durchzusetzen begannen.

Mathildes Erwachen begann mit dem Eintreffen des Arztes Johann Struensee aus Altona, das damals zu Dänemark gehörte; er war dort Armenarzt gewesen und hatte sich vor allem in der Seuchenbekämpfung durch die Einführung hygienischer Maßnahmen hervorgetan. Zum Landarzt befördert, behandelte er in dieser Position auch Mitglieder des holsteinischen Adels, bei denen er bald einen guten Ruf genoss. Schließlich bestellte ihn der dänische Hof als Gesellschafter und Arzt des kränklichen Königs für eine einjährige Europareise, die Christian 1768 antrat.

Mathilde zog indessen mit ihrem Sohn nach Schloss Fredriksborg auf Seeland. Die neugierige junge Frau, die nach zeitgenössischen Berichten Englisch, Französisch, Deutsch und Italienisch sprach und außerdem Cembalo spielte, hatte dort wenig Abwechslung und Unterhaltung. Politisch hatte ihre Stiefschwiegermutter Juliane Marie, die zweite Frau von Christians Vater, in Kopenhagen das Sagen. Sie arbeitete gegen Christian, da sie gern ihren eigenen Sohn als König gesehen hätte. Misstrauisch hatte sie die junge Engländerin am Hof beäugt, die ihre Pläne durchkreuzte, ohne dass diese davon auch nur ahnte. Mathilde langweilte sich, verfiel wahrscheinlich in eine leichte Depression, Maria Helleberg, die Autorin eines biografischen Romans über Caroline Mathilde, attestiert ihr eine Essstörung.

Als König Christian VII. zusammen mit seinem Arzt 1769 nach Kopenhagen zurückkehrte, war ihr dieser als Freund ihres Mannes nicht angenehm. Erst als Struensee ihren Sohn erfolgreich gegen Pocken impfte, gewann er ihr Vertrauen. Helleberg beschreibt die Szene so: »Sie verstand zwar, warum ein Stück Wundkruste von einem Pockenkranken in die Nase des Kindes eingeführt werden sollte. Aber die Vorstellung gefiel ihr nicht. (...) Ihr erschien die Gefahr zu groß, dass der Kinderkörper die Krankheit annehmen würde, statt die Infektion zu bekämpfen.«

Ungleich dramatischer hat sich Robert Neumann, Verfasser eines Struensee-Romans, die Szene vorgestellt: »Er (...) entblößte den Arm des schwer schlafenden Kindes, wusch, tat seinen Schnitt und rieb aus einem Tiegelchen eine bräunlich-widerliche Mixtur darein. Sie fragte: ›Was ist das?‹ ›Die Krankheit‹, sagte er.« Im Film sieht man das schreiende Kind und dann eine Großaufnahme des Skalpells, das Struensee gleich ansetzen wird.

Die gelungene Impfung des Thronfolgers mag die Liebesbeziehung zwischen Mathilde und Struensee eingeleitet haben oder nicht – in der Literatur wird sie als ein entscheidender Moment beschrieben, da Struensee ihn nutzte, um der Königin seine aufklärerischen Ideen nahezubringen, mit denen auch Christian VII. zu sympathisieren schien. In *En kongelig affære* erhält Mathilde ein sorgfältig verpacktes Konvolut aus Flugblättern und Streitschriften, die sie erst zögernd und dann immer begieriger liest.

Die Ausritte, die Mathilde auf Struensees Empfehlung hin unternahm, um dem Trübsinn, der Langeweile und dem Mief – buchstäblich – des Hoflebens zu entgehen, werden in den Filmen als Befreiung inszeniert, zumal Mathilde nicht mehr im Damensattel ritt. Sie soll sogar häufig Männerkleidung getragen haben: Der dänische Maler Peder Als porträtierte sie 1770 in einer Uniform der Königlichen Garde. Körperlich gestärkt durch Bewegung in frischer Luft, mag die kaum 19-jährige Mathilde auch ihrem Bedürfnis nach Sex wieder auf die Spur gekommen sein, und es scheint nur plausibel, dass das Objekt ihrer Begierde der Mann war, der ihr dazu verholfen hatte.

Bald schon, so will es der Film, diskutierte das Königspaar nächtelang Struensees reformerische Ideen mit ihm und einigen Vertrauten. Ein Menuett auf einem Maskenball – kunstvolle Tanzfiguren, leichte Berührungen, das Umkreisen, Verlassen und Wiederfinden des Anderen im Rahmen der Choreografie und lange Blicke – führt dann zur leidenschaftlichen Affäre zwischen Struensee und Mathilde.

In einer Zeit, als ganz Europa unter dem Einfluss der Aufklärung stand und sich bereits ankündigte, dass die Herrschaft des Adels sich auch durch noch mehr Unterdrückung nicht mehr lange würde halten können, fand in Dänemark eine kleine Revolution statt, von der sogar der Philosoph Voltaire beeindruckt war, wie ein im Dänischen Reichsarchiv erhaltener Brief belegt. Mathilde, gleichermaßen entzündet durch Leidenschaft und Freiheitsgedanken, beeinflusste ihren Mann, dem es seit Struensees Behandlung deutlich besser ging, und beförderte dessen politischen Ehrgeiz. Mit ihrer Unterstützung erhielt der Arzt ein politisches Amt; der bisherige Premierminister Graf Bernstorff und der aus alten Adeligen bestehende Rat wurden entmachtet. Im September 1770 unterzeichnete Christian die ersten von Struensee verfassten neuen Gesetze. Sein sukzessive in Kraft gesetztes Maßnahmenpaket umfasste die Einführung der Pressefreiheit und hygienischer Standards in Hospitälern, die Gründung von Waisenhäusern, die Abschaffung der Folter, Agrarreformen und die Kontrolle des Getreidehandels, die Kürzung der Militärausgaben, die Rationalisierung der Verwaltung. Nur 16 Monate konnte Struensee, der wegen der Krankheit des Königs schließlich von diesem eine Generalvollmacht ausgestellt bekam, relativ unbeschränkt schalten und walten. Während dieser Zeit erließ er 1800 Verordnungen, die im Dänischen Reichsarchiv erhalten sind. Die Filme zeigen ihn als besessenen, sich selbst aufzehrenden Mann, der Caroline Mathilde mit sich reißt. Im Juli 1771 kam ihre Tochter Louise Auguste auf die Welt, sie wurde offiziell von Christian anerkannt, war aber mit großer Wahrscheinlichkeit Struensees Kind. Wie eine *Ménage-à-trois* wirken die wechselseitigen Beziehungen der drei so unterschiedlichen Figuren aus heutiger Sicht; und vielleicht war diese Beziehungsform oder wenigstens der Verdacht, unter dem das Trio stand, das entscheidende Moment für die grausame Rache der Reaktionäre unter Führung von Christians Stiefmutter Juliane Marie.

Die um ihre Privilegien gebrachten Adeligen verschworen sich mit Juliane Marie, die angeblich Beweise dafür hatte, dass Mathilde und Struensee einen Staatsstreich gegen den König planten; Christian wurde zur Unterschrift unter Haftbefehle gegen beide erpresst, im Prozess gegen Struensee, dessen Urteil im Vorhinein feststand, durfte er nicht aussagen. Mathilde unterschrieb, ebenfalls unter Druck gesetzt, ein Geständnis, um das Leben ihres Geliebten zu retten, der dennoch, im April 1772, auf dem Schafott starb. In Dänemark regierte bis 1784 ein Bündnis um Juliane Marie, die ein Großteil der Reformen wieder abschaffte und jedes öffentliche Andenken an die Königin verbot.

Mathilde wurde auf Intervention ihres Bruders nach Celle gebracht, das damals zu England gehörte. Ihre Kinder sah sie nie wieder. Noch nicht 24

Jahre alt, starb sie im Mai 1775 an Scharlach – aus Mangel an Widerstandskräften vermutlich. Bald nach ihrem Tod begann die Legendenbildung um ihre Person.

Kurz vor der französischen Revolution und der allmählichen Abschaffung der durch Unterdrückung Vieler und Bevorzugung Weniger gekennzeichneten Adelsherrschaft in ganz Europa müssen, so denkt man, die Ängste bei der herrschenden Klasse groß gewesen sein – sie spürte wahrscheinlich, dass sie auf verlorenem Posten stand, wenn selbst die Generation der eigenen Kinder sich gegen sie wendete und begeistert die Aufklärung begrüßte. Caroline Mathilde gehört, ähnlich wie Marie Antoinette, zu den Opfern des gesellschaftlichen Umbruchs im späten 18. Jahrhundert, auch wenn beide auf verschiedenen Seiten standen. Am Ende des Films *En kongelig affære* öffnet Mathildes Tochter Louise Auguste die schweren Vorhänge im Krankenzimmer, in dem ihr Vater dahinvegetiert – das Licht der Aufklärung soll endlich auch in Dänemark leuchten.

Und tatsächlich sollte Mathildes Sohn Friedrich VI., der 1784 für seinen marginalisierten Vater die Regierung übernahm, in den 55 Jahren seiner Herrschaft das von seinen Eltern und Struensee in Gang gesetzte und dann von der Reaktion brutal niedergeschlagene Reformprogramm realisieren.

Marie Antoinette, Reine de France, Gemälde von Élisabeth Vigée-Lebrun, 1783

It-Girl des 18. Jahrhunderts

Marie Antoinette, Reine de France (1755–1793)

Die Erzählung hört dort auf, wo alle anderen erst richtig anfangen: mit Marie Antoinettes Auszug aus Versailles. Sind alle Biografen fasziniert von der dramatischen Wandlung, die aus der verschwenderischen Königin eine Tragödin auf dem Weg aufs Schafott machte, setzt Sofia Coppola in ihrem Film *Marie Antoinette* von 2006 ganz auf den Glanz und Glamour von Versailles und unterlegt ihn unbekümmert mit einem wilden Mix aus Rameau, The Cure und New Order. Ein Popmärchen in historischem Gewand: Marie Antoinette, gespielt von Kirsten Dunst, ist das It-Girl des ausgehenden 18. Jahrhunderts, eine hinreißend leichtfertige Modequeen, Anführerin bei orgiastischen Festen, die wirken, als seien sie *The Great Gatsby* entsprungen, romantisches Picknick mit Sonnenaufgang inbegriffen.

Die zu Recht Oscar-prämierte Ausstatterin Milena Canonero gibt dazu alles, was die Luxusmarken von heute zum Bild von 1780 beitragen können: Schuhe von Manolo Blahnik, feinste

Seidenstoffe, Federn, Schmuck und Steine, das raschelt und schillert und schimmert, und zu überschäumendem Champagner gibt es Sahnetorten und Petit fours und andere Köstlichkeiten. »I want Candy« von Bow Wow Wow liefert den Song dazu, passend für eine Königin, die Kuchen statt Brot empfahl, und wie nach dem Genuss eines Übermaßes an Süßigkeiten fühlt sich der Zuschauer etwas überzuckert angesichts dieser Sinfonie aus Rosa, Himmelblau und Weiß.

Was ist 2006 in Cannes nicht gestritten worden über Sofia Coppolas Popversion des königlichen Historiendramas, das die damals 35-jährige Regisseurin so konsequent wie abrupt mit der Morgendämmerung der neuen Zeit enden lässt. Die Aufständischen haben das Schloss gestürmt, das königliche Schlafzimmer verwüstet, und die königliche Familie fährt per Kutsche ihrem Schicksal in Paris entgegen. Marie Antoinette, die wir im Film häufig sehnsüchtig aus Kutschenfenstern haben blicken sehen, bei der Anreise aus Österreich, bei der Ankunft in Versailles, beim heimlichen Besuch des Pariser Opernballs, wirft auch hier noch einen letzten Blick auf den Park und die berühmten Wasserspiele: »Ich nehme Abschied«, sind ihre letzten Worte. Und in dem Moment, in dem ihre Popqueen reif und erwachsen geworden ist, blendet Sofia Coppola ab.

Kirsten Dunst als It-Girl im bonbonbunten Popmärchen *Marie Antoinette* (2005)

Erst im Unglück zu Würde und Größe gelangte Tragödin oder unbekümmertes Luxuskind – das sind die Pole, zwischen denen die Marie Antoinette-Rezeption schwankt, und die meisten Biografen entscheiden sich für die Tragödie statt für das Lustspiel. Und doch: So leichtfertig, wie ihre Kritiker wollen, ist Coppolas Umgang mit Marie Antoinette nicht. Gestützt auf Antonia Frasers verdienstvolle Biografie, ist der Film vor allem die Geschichte einer Erwachsenwerdung. Ihre Marie Antoinette ist bei der Verlobung ein unreifes Kind, vierzehnjährig, das herzzerreißend weint, als es an der Grenze zu Frankreich seinen geliebten Mops zurücklassen muss. Und das mit staunenden Kinderaugen den Pomp zu Versailles, das strenge Hofzeremoniell, ja selbst die Demütigung des morgendlichen Lever vor aller Augen erduldet, das Drama des sieben Jahre nicht zum Vollzug der Ehe fähigen Gemahls – und sich zum Trost mit ihren Freundinnen hemmungslos dem Genuss hingibt: ein Konsumkid von heute, sehr amerikanischen Geistes. Das bleibt, auch in *Somewhere* und *The Bling Ring*, Sofia Coppolas großes Thema – und kommt gleichwohl der historischen Marie Antoinette damit anders nah als viele zuvor.

Marie Antoinette war, wie andere, die sehr jung Königin wurden, Sisi, Luise oder Victoria, kaum vorbereitet auf die Rolle, die sie zu spielen hatte – und bestimmt nicht auf das Schicksal, das ihr zugedacht war. Ihre Mutter, Maria Theresia von Österreich, war entsetzt, wie schlecht die Ausbildung ihrer jüngsten Tochter war, als sie 1769 den Heiratsvertrag mit Ludwig XV. für dessen Enkel, den Dauphin Louis-Auguste, unterzeichnete. Zwar hatte Marie Antoinette Musikunterricht bei Christoph Willibald Gluck erhalten, zwar rühmen alle ihren Charme, ihre Freundlichkeit und Lebhaftigkeit, aber sie kann kaum Französisch, und auch die Allgemeinbildung lässt zu wünschen übrig. Hektische Last-Minute-Versuche diverser Erzieher, Tanz- und Sprachlehrer sorgen für ein oberflächliches Finish – und oberflächlich wird Marie Antoinette ihr Leben lang bleiben, unfähig, sich lange zu konzentrieren oder auf komplexe Themen einzulassen.

Stefan Zweig, der mit seiner 1932 erschienenen Biografie *Marie Antoinette. Bildnis eines mittleren Charakters* das Bild bis heute geprägt hat, lässt kein gutes Haar an seiner Protagonistin: »Ohne den Einbruch der Revolution in ihre heiter unbefangene Spielwelt hätte diese an sich unbedeutende Habsburgerin gelassen weitergelebt wie hundert Millionen Frauen aller Zeiten; sie hätte getanzt, geplaudert, geliebt, gelacht, sich aufgeputzt, Besuche gemacht und Almosen gegeben; sie hätte Kinder geboren und sich schließlich still in ein Bett gelegt, um zu sterben, ohne wahrhaft den Weltgeist gelebt zu haben.« Erst durch ihr grausames Schicksal nach der Revolution, die Gefangenschaft und schließlich ihren Tod hätte Marie Antoinette, dieser »mittlere Mensch«, laut Zweig »tragödisches Maß« erreicht.

Das ist die Story, auf die sich die Nachwelt gestürzt hat: Die Tragödie einer Frau, die zu spät begreift, was ihre Rolle in der Geschichte hätte sein können, und dann, in hoffnungsloser Lage, zu historischer Größe wächst. Marie Antoinettes Leben, so romanhaft spielt manchmal das Schicksal, ist tatsächlich garniert mit allen Zutaten, die für Melodramen nötig sind: Schönheit, Sex, Crime und Tod. Der Sex ist allerdings zumeist der üblen Gerüchteküche der Vorrevolution entsprungen, die der verhassten Österreicherin auf dem französischen Thron alles andichtet, was sich nur ausdenken lässt, lesbische Affären mit ihren Hofdamen, der Prinzessin von Lamballe und der Gräfin Polignac, Affären mit dem Duc d'Orléans, am Ende sogar Missbrauch ihres achtjährigen Sohnes.

Doch die Fantasie der Film-Biografen kreist vor allem um eine Romanze mit dem schwedischen Gesandten Hans Axel von Fersen, die das Zeug zu gleich mehreren Filmen hat. Sowohl *Marie Antoinette*, ein Hollywood-Film von 1938 mit Norma Shearer in der Hauptrolle, als auch Jean Delannoys französisches Pendant von 1956 mit

Michelle Morgan als Marie Antoinette fokussieren auf diese Liebesbeziehung, die ihre Vollendung in den Verliesen des Temple finden sollte – Fersen war maßgeblich beteiligt am Fluchtversuch der königlichen Familie nach Varennes, und in W.S. van Dykes US-Version hält er der Königin noch in der Nacht vor dem Schafott die Hand und die Treue.

Die Crime-Story ist nicht weniger romanhaft und hanebüchen als die Love-Affair, und auch sie hat regen Niederschlag in Literatur und Film gefunden. Schon ihr Titel, die »Halsbandaffäre«, liest sich wie der eines Romans, und tatsächlich war der Meister der historischen Schmöker, Alexandre Dumas der Ältere, der Erste, der den Stoff ab 1849 unter dem Titel *Das Halsband der Königin* veröffentlichte. Selbst Goethe hat in *Der Groß-Cophta* versucht, sie zu dramatisieren. Und auch Hollywood hat sich der Affäre angenommen, in Charles Shyers Film von 2001, mit Hilary Swank in der Hauptrolle. Zum Krimi gehören: Unermesslich teure Diamanten, eine schöne Hochstaplerin, ein eitler Kardinal, der Opfer eines aberwitzigen Komplotts wird, gefälschte Briefe der Königin, ja selbst eine Prostituierte als Doppelgängerin Marie Antoinettes tritt auf, beim nächtlichen Rendezvous in den Schlossgärten von Versailles. Und immer, wenn man denkt, noch unwahrscheinlicher geht es nicht, setzt die Wirklichkeit noch eins drauf.

Was war geschehen? Die Hofjuweliere Charles Böhmer und Paul Bassenge hatten ein sagenhaft teures Collier geschaffen, ursprünglich für die Mätresse von Ludwig XV., Madame Dubarry, und es nach dessen Tod wiederholt Marie Antoinette angeboten. Doch selbst diese, verschwenderisch wie sie war, schreckte vor dem Preis von 1,8 Millionen Livres zurück. Bis 1785 eine Betrügerin, Jeanne de la Motte, auftaucht, die dem ahnungslosen Kardinal de Rohan suggeriert, die Königin, die ihn bislang mit Missachtung strafe, sei mittels des Colliers zu gewinnen und positiv zu stimmen. Unzählige gefälschte Billets vermeintlich aus Marie Antoinettes Hand folgen, bis der Kardinal tatsächlich die Summe vorstreckt und das Collier in den Händen von Jeanne de la Motte landet, die es gemeinsam mit ihrem Ehemann zerlegt und beginnt, auf dem Schwarzmarkt zu verkaufen. Bis hierhin weiß Marie Antoinette noch nicht, was da in ihrem Namen geschieht, doch als die Juweliere bei ihr auftauchen und die Begleichung der Restsumme fordern, kennt ihr Zorn keine Grenzen. Rohan wird verhaftet, es folgt ein öffentlicher Prozess, der am Ende alle Beteiligten einschließlich der Königin beschädigt zurücklässt.

Noch Napoleon wird konstatieren: »Die Königin war unschuldig, und um ihre Unschuld öffentlich bekanntzugeben, wollte sie, das Parlament sollte Richter sein. Das Ergebnis war, dass man die Königin für schuldig hielt.«

Die Halsbandaffäre gilt als der Anfang vom Ende, der Anlass, aus dem sich der Volkszorn endgültig gegen Marie Antoinette richtete, die als Verschwenderin, Lügnerin, Betrügerin gesehen wurde. Ab da war kein Halten mehr in der Abwärtsspirale, die aus den Spiegelsälen von Versailles in die Verliese der Conciergerie und schließlich aufs Schafott auf der Place de la Republique führen sollte.

Doch noch strahlt das Licht in Versailles, eine Königin träumt sich ihren Traum vom perfekten Leben – und was wäre, wenn dieser Traum sich als mindestens ebenso prägend erweisen sollte wie die finstere Saga von Demütigung und Sturz? Grund zur Flucht vor dem Ränkespiel, dem kalten Zeremoniell, der Einsamkeit am Hof hatte die als so heiter wie unbekümmert geschilderte Marie Antoinette jedenfalls. Lange vor ihrer Vertreibung aus dem goldenen Käfig des Königsschlosses hatte sie sich selbst ihre Zuflucht gesucht, ihren Freiheitsraum, wo sie unbeobachtet und unreglementiert nach ihrer Natur leben und feiern konnte.

Das Petit Trianon, im Prozess der Nationalversammlung als letzte Verrücktheit der verschwendungssüchtigen Königin gegeißelt, ist ein Idealraum, wie sie ansonsten nur in England entstanden sind, eine perfekte Einheit von Natur und Architektur, von Grazie und Glück, tatsächlich ein unerhörter Luxus, so wie jede exquisite Hervorbringung der Kunst ein Luxus ist. Ein Lustschlösschen, ursprünglich von Ludwig XV. für Madame Dubarry gedacht, und nun von seinem Enkel Ludwig XVI. seiner Frau zur Morgengabe gemacht, ein »Spielzeug, und zwar eines der bezauberndsten, das französischer Geschmack je erfunden hat, zart in den Linien, vollendet in den Maßen, ein rechtes Schmuckkästlein für eine elegante und junge Königin« (Stefan Zweig). Hier feiert Marie Antoinette ihre Feste im Kreise ihrer Freunde, hier empfängt sie den Graf Fersen, hier richtete sie sich, ganz im Sinne eines Jean-Jacques Rousseau, mit dem »petit hameau« einen Spielzeugbauernhof mit Schafen und Meierei ein – Benoit Jacquot hat in seinem Film *Lebe wohl, meine Königin* die Kälte von Versailles und den märchenhaften Zauber des Trianon aus Sicht einer Bediensteten, der Vorleserin Marie Antoinettes, eingefangen.

Noch heute kündet das Trianon mit seinen Tempelchen, Grotten und Brücken von der Schönheitssehnsucht einer Romantikerin *avant la lettre*, die ihren Rousseau gelesen und über ihrem Miniaturreich den Blick für die Realität vor den Toren verloren hat. Hier ist Marie Antoinette, die in ihrem Leben so oft eine bloße Spielfigur dynastischer und politischer Interessen war, zum ersten und letzten Mal tatsächlich Souveränin, eine empfindsame, durchaus moderne und selbstbestimmte Frau. Was, wenn dieses »Zurück zur Natur« ihr Vermächtnis wäre für die heutige Zeit, die selbst wieder ihre Rückzugsorte auf dem Land sucht?

Luise von Preußen, Gemälde von Josef Grassi, 1802

Königin der Herzen

Luise von Preußen (1776–1810)

Die Geschichten wiederholen sich, die Rollenbilder auch. Da kommt eine entzückende blonde Prinzessin, bildhübsch, blutjung, in der Provinz aufgewachsen, ein No Name in der großen Welt, und verdreht über Nacht einer ganzen Nation den Kopf. Ihre Natürlichkeit, ihre Warmherzigkeit, ihre Fröhlichkeit, da ist so gar nichts von der steifen Förmlichkeit, die mit dem Königshaus verbunden ist. Sie schert sich nicht um Etikette, küsst einem Mädchen, das ihr Blumen überreicht, impulsiv die Stirn, mischt sich beim Weihnachtsmarkt unters Volk, tanzt leidenschaftlich gern, mit jedermann und nächtelang. Was sie tut, was sie trägt, wie sie sich frisiert, die gewagten, durchscheinenden Kleider, das elegant geschlungene Halstuch, das alles wird blitzschnell zur Mode der Zeit, verbreitet sich durch Bilder in ganz Europa. So wie sie wollen alle aussehen, Künstler und Schriftsteller scharen sich um sie und huldigen ihr. Und selbst ihr Bräutigam, der steife, linkische, schüchterne Kronprinz, ist verzaubert, ja verliebt. Aus der aus Staatsräson arrangierten Ehe wird tatsächlich so etwas wie eine Lovestory der Epoche. Und als sie stirbt, unerwartet, viel zu jung, mit 34 Jahren, trauert eine ganze Nation – ihre halbwüchsigen Kinder, die bis ins Erwachsenenalter an diesem Verlust leiden werden, und das Volk, das dem Trauerzug mit ihrem Sarg ein Meer von Blumen zu Füßen legt. Ihre Hochzeit, ihr Tod waren Medienereignisse der Zeit. Ja, sie war eine Königin der Herzen.

Nein, es ist nicht Diana gemeint, die Princess of Wales, die bei ihrer Hochzeit mit dem britischen Thronfolger Charles die Herzen verzauberte und am 31. August 1997 auf der Flucht vor Paparazzi in Paris bei einem Autounfall starb. Die Rede ist von Luise von Preußen, die vor gut zweihundert Jahren eine ähnliche Wirkung auf die europäische Öffentlichkeit und das gerade erst zur Großmacht aufsteigende Preußen hatte. Keine andere deutsche Königin hat Künstler und Literaten, Politiker und Publikum so fasziniert wie sie: Den Begriff »Königin der Herzen« hat, lange vor Lady Di, August Wilhelm Schlegel für Luise geprägt. Keine andere ist so vielfältig je nach Zeitgeschmack ideologisiert und gedeutet worden.

Es gibt noch eine andere historische Parallelfigur, geboren ein halbes Jahrhundert nach Luise. Elisabeth von Österreich, populär Sisi genannt, die bayrische Prinzessin, die 16-jährig Kaiser Franz

Joseph von Österreich heiratet. Auch das eine entgegen aller Staatsräson überraschende Liebesheirat, die vor allem durch die *Sissi*-Trilogie mit Romy Schneider populär wurde.

Diesen *Sissi*-Filmen eifert unübersehbar auch Wolfgang Liebeneiner nach, als er 1957 den Film *Königin Luise. Liebe und Leid einer Königin* dreht, mit dem damaligen Traumpaar Ruth Leuwerik und Dieter Borsche in den Hauptrollen. Auch Ruth Leuwerik muss, zumindest am Anfang, naiv, liebenswürdig, oberflächlich sein – was ihr deutlich schlechter gelingt als der jungen Romy Schneider – und darf dann, als Königin der Schmerzen, durch Krieg, Flucht und Exil geläutert, edel und aristokratisch ihr Leben aushauchen.

Den Kult um Luise hat schon ihr untröstlicher Ehemann Friedrich Wilhelm III. direkt nach ihrem Tod begonnen. Die Inszenierung des Leichenzugs, der von Luises Sterbeort Schloss Hohenzieritz in Mecklenburg über Gransee und Oranienburg nach Berlin führte, das Mausoleum im Park von Schloss Charlottenburg, für das Christian Daniel Rauch die anrührende Grabskulptur schuf, all das geschah nach detaillierten Plänen und Wünschen des Witwers. Noch Luises Sohn, Kaiser Wilhelm I., entfachte Jahrzehnte später in unzähligen Bildern, Statuen, Gedenkorten, Orden und Feierstunden einen regelrechten Luisenkult und begriff den Krieg gegen Frankreich als späten Rachefeldzug für die ob der Demütigungen durch Napoleon an gebrochenem Herzen gestorbene Mutter.

Kein Wunder, dass auch der Film, das Massenmedium der Neuzeit, nicht zurückstehen wollte. Schon ein frühes Prestigeprojekt, der 1912 von Franz Porten gedrehte Dreiteiler *Der Film von der Königin Luise*, erfreute sich allerhöchster Unterstützung des Kaiserhauses – so wurden Originalrequisiten wie die Wiege von Kaiser Wilhelm I. und die für Luises Einzug in Berlin verwendete Staatskarosse zur Verfügung gestellt. Uraufgeführt wurde der Film zum 54. Geburtstag Wilhelms II. im Berliner Schloss, und es gelingt das Kunststück, Preußens wenig ruhmvolle Rolle im Krieg von 1806 als eine Reihe von militärischen Heldentaten zu erzählen – der Film zeigt vor allem nicht enden wollende Kampfszenen.

Aufgeklärter ist da *Luise, Königin von Preußen*, ein früher Tonfilm von 1931, der die damaligen Stars Henny Porten und Gustaf Gründgens zusammenführt und eine erstaunlich private Staatsgeschichte erzählt. So schaukelt eine hessisch babbelnde Henny Porten zu Beginn wie Effi Briest ausgelassen im Garten, widmet sich ansonsten hauptsächlich ihren Kindern, und auch die letzte Szene auf einer Bank am Paretzer Havelufer ist eine »Effi Briest«-Reminiszenz, wenn die todkranke

Luise seufzt: »Immer und immer wieder Krieg. Nie wird es Frieden geben. Ach Fritz, ich bin müde bis auf den Tod.«

Die Spannung zwischen persönlicher Faszination und politischer Vereinnahmung, zwischen Person, Rolle und Verklärung prägt die Luise-Rezeption bis heute – und macht diese nur 13 Jahre regierende Königin zu einer so schillernden historischen Figur. Dabei waren ihre Ausgangsbedingungen keineswegs rosig. Ihr Vater, Herzog Karl, ist ein eher unbedeutender Prinz aus dem Haus der Herzöge von Mecklenburg-Strelitz, auch wenn seine Schwester Charlotte den britischen König George III. geheiratet hat. Ihre Mutter stirbt früh, Luise und ihre Geschwister wachsen bei der Großmutter in Darmstadt auf, eine unbeschwerte Kindheit fernab des Hofs, unter dem Einfluss der Schweizer Erzieherin Salomé de Gélieu, die den Lehren Jean-Jacques Rousseaus folgt und sich bemüht, die Natürlichkeit und Herzensbildung der Kinder zu fördern. Luises Unbefangenheit, ihre in ihren unzähligen Briefen immer wieder dokumentierte liebenswürdige Lebhaftigkeit wie aber auch ihre nur mangelhafte, oberflächliche, allein auf reizende Konversation ausgerichtete Bildung verdanken sich maßgeblich dieser Erziehung. »Jungfer Husch« nennt man das verspielte Kind. Nichts bereitet sie vor auf die große europäische Rolle, die sie spielen sollte. Und doch hätte sie vielleicht keine bessere Vorbereitung haben können.

Luise lebt in einer Welt im Umbruch, in jeder Hinsicht. Das feudale europäische Herrschertum, wie es noch Friedrich Wilhelm II. mit seinen Liebschaften, seinen Festen, seinen kostspieligen Neubauten und verschwenderischer Hofhaltung gepflegt hatte, ist Vergangenheit. Das junge Königspaar übernimmt einen ruinierten Staat und eine veraltete, kostspielige Armee. Sparen, sparen, sparen ist Friedrich Wilhelms Maxime. So ist das bescheidene, geradezu bürgerliche Leben, das Luise und Friedrich Wilhelm in Paretz, dem von Fontane »Schlösschen-Still-im-Land« getauften Landgut, zelebrieren, mit idyllischem Familienleben, dörflichen Festen und einem ungezwungenen, geradezu intimen Umgang miteinander, sicherlich auch der finanziellen Not geschuldet. Es ist aber zudem Zeichen einer neuen Zeit, in der bürgerliche Tugenden wie Häuslichkeit, Freundschaft und Familie plötzlich auch für den Adel wichtig werden. Das junge Paar duzt sich in der Öffentlichkeit, spaziert ohne Begleitung über die Berliner Straßen, widmet viel Zeit der Erziehung und dem Spiel mit den Kindern. Und eine schwärmerische Bewunderung, wie sie Luise für Russlands Zar Alexander I. in aller Öffentlichkeit kundtut, ist weniger skandalöse Verliebtheit als zeittypische sentimentale Freundschaftsbekundung. Auch in dieser Hinsicht hat Luise, deren Briefe sich noch heute ungeheuer lebendig und charmant lesen lassen, Maßstäbe gesetzt.

Und doch währt die Idylle nur kurze Zeit, ist der Traum eines erneuerten Königtums unter moderneren Vorzeichen, wie sie die Zeitgenossen von Luise erhoffen, schnell einer dramatischen Belastungsprobe unterworfen. Die Ehe mit dem preußischen Thronfolger und ab 1797 König Friedrich Wilhelm III. katapultierte die Provinzlerin Luise unversehens mitten in ein europäisches Machtspiel, das den Kontinent verändern sollte. Die Französische Revolution hatte die Völker aufgeschreckt und wachgerüttelt, 1793, im Jahr der Hochzeit zwischen Luise und Friedrich Wilhelm, war Marie Antoinette, die französische Königin, enthauptet worden – ein Ereignis, das eine junge Prinzessin in Berlin nachhaltig verstören muss. Preußen, der noch junge Staat auf der europäischen Landkarte, findet sich unversehens als Spielball zweier Großmächte wieder. Und das noch junge Königspaar Luise und Friedrich Wilhelm hat nur knapp neun Jahre, bevor Europa in einen verheerenden, alles verändernden Krieg stürzt.

Der große Gegenspieler, der gleichermaßen bewunderte und gehasste Gegner, ist Napoleon. Gegen Napoleon paktiert der zögernde Friedrich Wilhelm III. mit dem russischen Zaren Alexander I.

Und mit Napoleon hat Luise ihren großen Auftritt auf der Bühne der Weltpolitik. Keine Biografie, kein Film, der ohne diese Szene ausgekommen ist und sie nach Kräften und Geschmack der Zeit jeweils neu und anders interpretiert hat. Die Szenerie ist folgende: Das preußische Heer ist vernichtend geschlagen, die Königsfamilie geflohen. In Tilsit, auf einem Floß auf der Memel, verhandeln Napoleon und Alexander über die Zukunft Europas. Der gedemütigte preußische König ist nur Zaungast, darf vom Ufer aus zusehen, wie über sein Land entschieden wird. Von Luise, ihrer Schönheit, ihrer Menschenklugheit und bezaubernden Art, erwartet man, dass sie den Frauenheld Napoleon zugunsten Preußens umstimmen kann.

Die Szene, obgleich ein Gespräch unter vier Augen, ist durchaus historisch überliefert, Luise selbst hat sie aus der Erinnerung aufgeschrieben. Und doch sind die Interpretationen quer durch die Luise-Filme diametral verschieden: Ist es im Stummfilm von 1912 eine kurze, eher unergiebige Begegnung, bei der Napoleon sich wenig beeindruckt zeigt, zögert er 1931 in *Luise, Königin von Preußen* lange und schreibt danach an seine Frau Josephine: »Die Königin ist sehr liebenswürdig«. 1957, bei Wolfgang Liebeneiner, ist es Friedrich Wilhelm III., der die Sache verdirbt. Gerade hat Ruth Leuwerik, klug und schlagfertig argumentierend, Bernhard

Ruth Leuwerik als »Königin der Herzen« in
Königin Luise. Liebe und Leid einer Königin (1957)

Wicki zu Zugeständnissen verführt, da stürmt der eifersüchtige Dieter Borsche in den Raum und zerstört die kostbare Stunde. Am realistischsten vielleicht hat das DDR-Fernsehen 1978 die Szene in dem fünfteiligen Fernsehfilm *Scharnhorst* geschildert: Da macht Napoleon der Königin zwar galante Komplimente für Kleid und Toilette, verspricht ihr, aus Paris ein neu geschaffenes Duftwasser zu schicken, aber lässt sich auf keine politischen Diskussionen ein. Die Behandlung der politischen Gegnerin, die er zuvor schon durch die Veröffentlichung ihrer schwärmerischen Briefe an Zar Alexander bloßgestellt hatte, als eitle, putzsüchtige Frau: Das ist die ultimative Demütigung.

Hat Luise Politik gemacht und Politik beeinflusst, fernab der diplomatischen und militärischen Zirkel ihres Mannes? Sie hat dem zögerlichen Friedrich Wilhelm erwiesenermaßen zum Bündnis mit Russland und verhängnisvollen Krieg gegen Frankreich geraten. Und sie hat, nach ihrer Rückkehr aus dem Exil, in Hardenbergs Sinne, für Preußens Reformen geworben. Aber wie? Die Filme sagen: mit den Waffen einer Frau. Im Fernsehfilm *Scharnhorst* überredet Regina Beyer den König im Bett, den in Ungnade gefallenen Freiherrn vom Stein wieder aufzunehmen. Ruth Leuwerik darf beim Quadrille-Tanzen zwischen dem französischen Botschafter Talleyrand und dem russischen

Gesandten Großfürst Konstantin vermitteln. Beide Filme sind spürbar geprägt vom Geist des Kalten Krieges. Die Zeichnung Friedrich Wilhelms III., des ewigen Zögerers, wahlweise als reformunfähigen Reaktionär (Hans Teuscher in *Scharnhorst*) oder von seinen Generälen überstimmten Pazifisten (Dieter Borsche 1957) sagt mindestens so viel über die Zeit als über die historische Figur. Erst recht, wenn Ruth Leuweriks Luise kurz vor ihrem Tode die Deutschen beschwört, nicht zu klagen, sondern aus der Geschichte zu lernen: »Was wir jetzt erleben, Krieg, Besatzung, Flüchtlinge und ein geteiltes Land, das möge unserem Volk in 200 Jahren eine Lehre sein«. Das war die Botschaft nach 1945. Unsere Zeit, die 2010 zu Luises 200. Todestag vor allem die Mode und die häusliche Idylle in Paretz feiert, hält sich lieber an die private Luise, die Briefschreiberin, Schönheit und Stilikone. Also lieber an das Herz als an die Krone.

Victoria I., Gemälde von
Franz Xaver Winterhalter, 1859

Die zwei Körper der Königin

Victoria, Königin von England (1819–1901)

Sie verkörpert während ihres langen Lebens eigentlich zwei Frauen, die unterschiedlicher nicht sein könnten, in der öffentlichen Wahrnehmung wie in der medialen Widerspiegelung. Auf der einen Seite die mädchenhafte Königin, die 1837 mit 18 Jahren ihrem Onkel George IV. auf Englands Thron folgt, ein eigensinniges, stures Kind, das gerade erst der unglücklichen Kindheit unter der Fuchtel ihrer Mutter und deren Vertrauten Sir John Conroy entkommen ist, und, kaum auf ihre Rolle vorbereitet, fest entschlossen ist, alles richtig zu machen und sich das Zepter nicht mehr aus der Hand nehmen zu lassen. Und auf der anderen Seite die matronenhafte Königin, die Großmutter der Nation, ewig schwarz gewandet, nach 40 Jahren Witwenschaft immer noch trauernd und ihre schier unendliche Regierungszeit von 63 Jahren stoisch und pflichtbewusst absolvierend – erst im Jahr 2015 hat ihre Ururenkelin Elizabeth II. diesen Regierungsrekord überboten.

Victoria, das ist die Queen, die einem Zeitalter ihren Namen gegeben hat, das England einen nie geahnten wirtschaftlichen Aufschwung durch Industrialisierung und Kolonialismus brachte und doch bis heute für Prüderie, Rückwärtsgewandtheit und Konservatismus, mithin für alle schlechten Eigenschaften des 19. Jahrhunderts steht. Eine Königin, die vom Herzen und Herkunft her konservativ, in ihrer Position als Kopf einer Männergesellschaft geradezu revolutionär eigenständig war. Und die doch am Ende ihres Lebens auch zum Symbol des Stillstands, des Rückwärtsgewandten und Ewiggestrigen geworden war.

Was Wunder, dass sich die Biografen, Regisseure und Künstler bis hin zur unlängst ausgestrahlten BBC-Serie lieber an die helle Seite, an die mädchenhafte Königin halten als an die willensstarke alte Dame. Zumal Victoria durch ihre Verbindung mit dem deutschen Prinzen Albert von Sachsen-Coburg und Gotha auch noch alle Ingredienzien einer echten Romanze auf dem Thron mitbringt. Ursprünglich ist es eine klassische dynastische Zweckheirat, eingefädelt von Victorias Mutter, der deutschen Prinzessin Victoria von Sachsen-Coburg-Saalfeld, und deren Bruder Leopold, dem späteren belgischen König Leopold I. Beide Auserwählte sehen der Verbindung zunächst widerwillig entgegen – Victoria wie Albert fürchten den Verlust ihrer

Unabhängigkeit, fürchten Zweitrangigkeit gegenüber ihrem Partner. Doch die Vernunftverbindung wächst sich unerwarteterweise zu einer der großen Liebesgeschichten des 19. Jahrhunderts aus – trauliche Familienszenen unterm von Albert in Großbritannien eingeführten Weihnachtsbaum inbegriffen. Ein Stoff für Märchenfilme.

Wie weit die erzählerische Fantasie bei der Ausmalung der Romanze geht, bleibt der Zeit überlassen. Ernst Marischka, der österreichische *Sissi*-Erfinder der Fünfzigerjahre, lässt in *Mädchenjahre einer Königin* (1954), dem Remake eines Films von 1936 mit Jenny Jugo, für das er ebenfalls das Drehbuch geschrieben hatte, seiner Fantasie freien Lauf. Die junge Victoria, gespielt von einer zauberhaften Romy Schneider in ihrer ersten großen Rolle, quasi als Testlauf für die *Sissi*-Filme, büchst vor der ungewollten Verkupplung aus, flieht mit Kinderfrau und Kutscher nach Paris und bleibt wegen Dauerregens im Hafenort Dover hängen. In einer dortigen Spelunke trifft sie einen charmanten jungen Deutschen (Adrian Hoven), der ihr das Walzertanzen beibringt und ihr gesteht, dass er auf dem Weg zu einer ihm höchst unangenehmen Verlobung sei. Was Wunder, dass sie, nach London zurückgekehrt, in ihm ihren Versprochenen wiedertrifft und die Liebe ihren Lauf nimmt. Der Widerspenstigen Zähmung ist gelungen.

Historisch korrekter geht *Downton Abbey*-Erfinder Julian Fellowes beim Drehbuch für *The Young Victoria* (2009) vor – vielleicht auch, weil neben Martin Scorsese auch Sarah Ferguson, die Herzogin von York, als Co-Produzentin fungierte. Der Film, mit einer angespannten Emily Blunt in der Hauptrolle, legt viel Wert auf die Intrigen bei Hof, auf die Ränke, die Victorias Mutter mit Joseph Conroy spinnt, und auf das von ihm erfundene Kensington-System der Dauerüberwachung, der die Prinzessin in ihrer Kindheit unterworfen war – sie darf weder allein die Treppe hinuntergehen noch in einem eigenen Schafzimmer schlafen. Und doch ist es auch hier die Romanze mit Prinz Albert (Rupert Friend), die den bis dahin am straffen Zügel geführten Film zum Leuchten bringt – die unerwartete Geistesverwandtschaft zwischen diesen beiden einsamen, allein auf ihre Rolle hin erzogenen jungen Leuten und das nicht unkomplizierte Aushandeln der Rollenverteilung in den ersten Jahren der Ehe – Victoria, ganz die Souveränin, reagiert irritiert auf Alberts Versuche, Einfluss auf ihre Regierung zu nehmen, während er unter der aufgezwungenen Betätigungslosigkeit leidet – ein Schicksal, das alle Prinzgemahle bis zu Prinz Philip (der im Übrigen wie seine Frau Elizabeth II. ein Ururenkel von Victoria ist) erlagen. Und erst der dramatische Moment eines Attentats auf

Emily Blunt in der Titelrolle als angespannte
Young Victoria (2009)

öffentlicher Straße, bei der sich Albert im Film heroisch vor seine Ehefrau wirft und dabei verwundet wird, beendet die Ehekrise und bringt die beiden verstockten Herzen zum Schmelzen.

Schöner und anrührender hatte das eine zweiteilige BBC-Serie von 2001 erzählt, in der Victoria Hamilton eine zickige, hinreißend zwischen Schüchternheit, Nervosität und immer wieder durchbrechender Albernheit schwankende überforderte Teenagerin spielt, die sich ihre Haltung unter der väterlichen Führung von Lord Melbourne erst mühsam erarbeiten muss. Albert (Jonathan Firth, der jüngere Bruder von Colin Firth) ist hier die heimliche Hauptfigur, ein Romantiker neben dem Thron, auf der Suche nach dem Lebenssinn, der die mädchenhafte Schwärmerei seiner Zukünftigen keineswegs teilt und erst langsam in Achtung, Respekt und Liebe für seine Frau hineinwächst. Auch hier sind es die klassischen Fragen von Macht und Unterordnung, die zwischen öffentlicher Rolle (Queen und Prinzgemahl) und konservativer Eheauffassung eskalieren und bei denen Berater wie Lord Melbourne (Nigel Hawthorne) und Victorias Kinderfrau Baroness Lehzen (Diana Rigg) durchaus ihr eigenes Machtspiel spielen.

Das ist Victorias großes Lebensthema: der Widerspruch zwischen der öffentlichen Person der Königin und der privaten Rolle der liebenden Ehefrau, die keineswegs eine frühe Feministin, sondern im Gegenteil eine durchaus konservativ denkende Frau war. Beide Rollen hat sich Victoria erst erarbeiten müssen, hat sich als Herrscherin erst allmählich von ihren Beratern John Conroy, Leopold I. und Lord Melbourne emanzipiert, um dann als ersten eigenständigen politischen Akt ihrem Ehemann weitgehende politische Einwirkungsmöglichkeiten zuzugestehen – in späteren Jahren ist sie von Alberts Urteil geradezu abhängig, und verzweifelt, wenn er auf Reisen ist. Privat muss sich die junge Königin, die sich wie einst Elizabeth I. geschworen hatte, niemals zu heiraten, um nicht einem Mann unterworfen zu werden, mit den nicht geplanten Auswirkungen ihrer Verliebtheit auf ihre öffentliche Position auseinandersetzen, mithin mit der Schwierigkeit, dem geliebten Ehemann seine Forderungen nach Macht und Einfluss versagen zu müssen und doch liebende Frau bleiben zu können. *The Queen's two bodies*, die beiden Körper der Königin, um Ernst Kantorowicz' berühmte Herrschaftstheorie der Zweigestalt von öffentlicher Funktion und natürlicher Person aufzunehmen, sind in Victoria in erstaunlicher und für ihre Zeit ungewöhnlicher Weise verschmolzen: eine Herrscherin, die ihre Liebe zum Staatsakt macht, bis hin zu Gründungen wie dem Victoria-and-Albert-Museum oder der King-Albert-Hall, und eine

Ehefrau, die deutlich zu eigenwillig ist, um sich der klassischen Geschlechterverteilung zu unterwerfen.

V & A, die Verbindung Victoria und Alberts, entwickelte sich in den fast 21 Jahren ihrer Ehe zum Erfolgsmodell, privat wie politisch, und außerdem zu einem frühen Erfolg kluger Öffentlichkeitspolitik: Franz Xaver Winterhalter, der Starmaler der damaligen High Society, hat hinreißende Bilder der glücklichen, bald elfköpfigen Familie gemalt, und durchaus freizügige der jungen Königin, mit gelöstem Haar und verrutschter Kette. Auch das Wohnumfeld wird fernab von Windsor und Buckingham Palace nach quasi bürgerlichem Vorbild neu gestaltet: Prinz Albert baut das 1845 neu erworbene Osborne House auf der Isle of Wright nach seinen Vorstellungen im romantisch-italisierenden Stil um (1852 folgt Balmoral Castle in Schottland), samt Swiss Cottage für die Kinder, die dort Schreinern und Gärtnern lernen sollten, und verwirklicht sich ansonsten in den Planungen für die erste Weltausstellung in London 1851 mit dem berühmten Kristallpalast von Joseph Paxton. Den Tag der Eröffnung, den ebenfalls Winterhalter in einem prachtvollen Gemälde festgehalten hat, bezeichnete Victoria als einen der glücklichsten Tage ihres Lebens. Alberts Rolle als »Prinzgemahl« (den Titel »Königsgemahl« versagt ihm das Parlament) hat sich zum entscheidenden Berater im Hintergrund gewandelt – ihm wird laut Herbert Tingsten nachgesagt, zugleich Premierminister und König gewesen zu sein.

Doch im Dezember 1861 stirbt er mit nur 42 Jahren an Typhus und lässt Victoria untröstlich zurück. Die Witwe, die ihr schwarzes Habit bis zu ihrem Lebensende nicht mehr ablegen wird, zieht sich nach Balmoral zurück, nimmt für ein Jahr an keinen öffentlichen Ereignissen mehr teil, besteht darauf, dass in Alberts Schlafzimmer in Windsor jeden Abend warmes Wasser bereitgestellt und Bettwäsche und Handtücher regelmäßig gewechselt werden. Hofstaat und Regierung sind ratlos – eine Königin, die nicht öffentlich in Erscheinung tritt, die an keinem Staatsanlass teilnimmt – Victorias Popularität beginnt massiv zu schwinden. Trost kommt von unerwarteter Seite: John Brown, ein raubeiniger schottischer Jagdgehilfe aus Balmoral, avanciert ab 1865 zu Victorias engstem Vertrauten. Ursprünglich nur als Begleiter für Ausritte engagiert, erkämpft der sture Schotte sich seine hervorgehobene Stellung in der Hofgesellschaft – und das Vertrauen der Queen, die mit ihm den Weg aus der Isolation der Trauer herausfindet. Die Konstellation wiederholt sich übrigens mit ihrem indischen Diener Abdul, von Stephen Frears in seinem Film *Victoria & Abdul* (2017) erzählt. Judi Dench gibt Victoria als gewitzte, in einer späten Liebe neu erblühende

Seniorin, eine »unwürdige Greisin«, die ihren »Munshi«, ihren Lehrer, bittet, sie Urdu zu lehren, um dem Kolonialreich in Indien näherzukommen – eine erstaunliche Rollenumkehr zwischen Diener und Königin.

Doch zunächst einmal John Brown. Noch einmal wird ein Mann Gegenstand für wilde Spekulationen rund um die Königin: John Maddens Spielfilm *Mrs. Brown* von 1997 erzählt die Geschichte dieser späten Beziehung, der die Zeitgenossen schnell pikante Details andichteten – in Karikaturen und in dem spöttischen Beinamen ›Mrs. Brown‹ für die Queen, die gleichwohl treu zu ihrem unstandesgemäßen Begleiter und Freund hält. Nach seinem Tod durch eine Lungenentzündung ehrt sie ihn durch Statuen und lässt ihn von ihrem Lieblingsmaler der späten Jahre, Karl Rudolf Sohn, malen. Erstaunlicherweise bleibt Madden in seiner Schilderung sehr diskret, lässt sich nicht auf pikante Spekulationen ein – Judi Dench darf als Victoria aus der Erstarrung der Trauer zurück zu einer fast mädchenhaften Fröhlichkeit finden, die ein Echo der mädchenhaften Queen der frühen Jahre ist. Und doch geht es auch hier wieder um die alten Fragen der Dominanz und Selbstbestimmung, darum, wie lange eine Frau und Herrscherin aus Freundschaft oder Liebe zulässt, dass ihr Begleiter in ihr Leben eingreift, bestimmen zu dürfen meint, was sie politisch tun soll und was nicht. Victoria zieht am Ende die Notbremse, verbannt John Brown von seinem Posten, als er sich zu stark in ihre Regierungsgeschäfte mischt, und wird doch reuig ans Krankenbett ihres Freundes zurückkehren. Sie alle zu überleben, die Männer, die Gefährten, das ist das Schicksal dieser Königin, die 1901 in den Armen ihres Enkels, des deutschen Kaisers Wilhelm II., stirbt – schon damals ein Symbol einer überlebten Epoche, an der Schwelle zu einem neuen Jahrhundert, das sie mit Sorge kommen sah.

»Sissi« in ihrem berühmten Sternenkleid,
Gemälde von Franz Xaver Winterhalter, 1865

Die Flüchtige

Elisabeth von Österreich-Ungarn (1837–1898)

Elisabeth von Österreich-Ungarn, die letzte Kaiserin der Habsburger Monarchie, ist zumindest hierzulande die bekannteste Monarchin der Geschichte, allerdings kaum als Politikerin, Landesmutter oder gar als Individuum, sondern als Märchengestalt. Zeitgenössische Fotografen und Maler haben durch ihre Darstellungen die Kaiserin bereits zur überirdischen Schönheit stilisiert; spätere Biografen, Operetten- und Musicalkomponisten und schließlich Filmregisseure haben das Bild der hübschen, harmlosen, unglücklichen oder gar todessehnsüchtigen bayerischen Prinzessin am Wiener Hof gezeichnet; aus Elisabeth wurde Sissi. Die in den Fünfzigerjahren entstandene *Sissi*-Filmtrilogie mit der jungen Romy Schneider in der Titelrolle ließ nicht nur die Kaiserin als Klischeefigur erscheinen, sondern legte auch ihre Darstellerin auf ein Rollenbild fest, von dem sie sich nur mit Gewalt befreien konnte. Später fand die posthume Verkitschung Elisabeths ihre Entsprechung in der posthumen Verkitschung Romy Schneiders: Früher Ruhm, Rastlosigkeit,

Verlust von Kindern, Suchtanfälligkeit und vorzeitiger Tod, die beider Biografien charakterisieren, gelten als ausreichende Gründe für sentimentales Doppelgedenken und heimliche Erleichterung: Durch Reichtum, Macht und Schönheit waren sie der Sphäre der Normalsterblichen weit entrückt, aber gerade bei ihnen schlug das Schicksal besonders hart zu.

»Kaiserin wider Willen« nennt die Biografin Brigitte Hamann ihre Protagonistin Elisabeth von Österreich. Das im Jahr 2002 erstmals veröffentlichte und seitdem mehrfach überarbeitete Werk zeichnet die Regentin vor allem als eine Frau, die wahrscheinlich sehr viel glücklicher geworden wäre, wenn sie nicht eine ungeheure internationale Bekanntheit erreicht hätte und so zum Popstar ihrer Zeit wurde, zur Projektionsfläche für die weniger Privilegierten.

Die 1837 in München geborene Elisabeth, Herzogin in Bayern, wuchs mit sieben Geschwistern in München und am Starnberger See auf. Erzogen wurde sie von ihrer Mutter Ludovika, denn ihr Vater, Herzog Max, ging seinen vielen Vergnügungen am liebsten außer Haus nach. Kosmopolitisch und belesen, pflegte Max den Umgang mit bürgerlichen Intellektuellen und Künstlern; außerdem ritt und jagte er, spielte Zither, war Autor von Reisebeschreibungen und Sammler von Volksliedern und hatte außer den acht ehelichen zwei uneheliche Kinder, mit denen er sich regelmäßig traf. Der Bildungshunger und die liberale Haltung ihres Vaters beeinflussten Elisabeth nachhaltig, auch wenn sie als Kind den Vater wenig zu sehen bekam. Die Ehe von Elisabeths Eltern war unglücklich; die Fürsorge für die zahlreiche Nachkommenschaft gehörte hauptsächlich zu Ludovikas Aufgaben, auch die standesgemäße Verheiratung ihrer fünf Töchter. Als 1853 zunächst die Älteste, Helene, unter die Haube kommen sollte, war Ludovika froh, dass ihre Schwester Sophie schon einen Plan hatte: Sophie war die Mutter des jungen Kaisers Franz Joseph, der seit fünf Jahren in Wien regierte und wahrscheinlich die begehrteste Partie seiner Zeit war. Die beiden Frauen wählten den Kurort Bad Ischl als Treffpunkt und Verlobungsort für das zukünftige Kaiserpaar. Die damals 15-jährige Elisabeth durfte mit.

Am 24. April 1854 heiratete dann Franz Josef allerdings nicht Helene, sondern Elisabeth, acht Monate vor ihrem 17. Geburtstag, während der Kaiser knapp 24 Jahre alt war. Auch wenn die Lebenserwartung eines um die Mitte des 19. Jahrhunderts geborenen Kindes durchschnittlich etwa halb so hoch war wie heute und die Kinder entsprechend früher erwachsen werden mussten, so scheint die Vorstellung einer Teenagerin als Landesmutter aus heutiger Sicht geradezu absurd. Aber auch für Elisabeth selbst: »Die Diskrepanz zwischen einem turbulenten, aber liebevollen Familienleben in Bayern und dem allerhöchsten Leben als kaiserliche Majestät war für sie unüberwindbar«, beschreibt Hamann die Schwierigkeiten Elisabeths nach der Ankunft am Wiener Hof.

Und »Ach, Franz, das wär' alles so schön, wenn du kein Kaiser wärst«, fasst Romy Schneider als Sissi im ersten Teil der gleichnamigen Trilogie (*Sissi*, 1955) die Lage zusammen. Der Film konzentriert sich auf das Liebespaar, das sich gegen die Pläne der Mütter durchsetzt und die vorher bestimmte Braut düpiert, auf Elisabeths Abschied von ihrer Familie und ihrer Umgebung und schließlich auf die erste Konfrontation mit der harschen Realität am Wiener Hof. Die Inszenierung hält sich insoweit an die Fakten, als die Protagonisten einander, wie aus Briefen beider ersichtlich wird, zu Anfang ihrer Ehe offenbar tatsächlich herzlich zugetan waren, sich dann aber sehr schnell – unter dem Einfluss von Elisabeths Schwiegermutter, dem Protokoll und den Regierungsgeschäften Franz Josephs – voneinander distanzierten.

Elisabeths Schwiegermutter, Erzherzogin Sophie, war die Vertraute des Kaisers in politischen Fragen, Elisabeth blieb außen vor. Außerdem achtete sie streng auf den Umgang der jungen Kaiserin: Nur eine eng begrenzte, durch ihren Stammbaum ausgewiesene Gesellschaft durfte mit ihr verkehren; die Erzherzogin suchte Bedienstete aus, auch die Gouvernante für Elisabeths Kinder – die 1855 geborene Sophie, die kurz nach ihrem zweiten Geburtstag sterben sollte, und die 1856 geborene Gisela. Das Kinderzimmer war auf Beschluss von Elisabeths Schwiegermutter weit entfernt von den Räumlichkeiten, die Elisabeth bewohnte. Elisabeth selbst war als Gebärerin – ein männlicher Thronfolger ließ noch auf sich warten – und aufwendig zurechtgemachte Repräsentationsfigur gefragt; jede ihrer öffentlichen Äußerungen oder Handlungen wurde kritisch beäugt und interpretiert; es war kaum möglich, einen unbeobachteten Schritt zu tun, ja oft nicht einmal, mit ihrem Mann allein zu sein. Elisabeth von Österreich war noch nicht 21 Jahre alt, als der lang ersehnte Thronfolger Rudolf im August 1858 zur Welt kam. Rudolf wurde, wie es der Habsburger Tradition für Kronprinzen entsprach, zunächst dem martialischen Regiment eines Hauslehrers überantwortet, der den kleinen, kränkelnden Jungen militärisch drillte, was schließlich seine Mutter veranlasste, 1865 eine Art Unabhängigkeitserklärung an ihren Mann zu schreiben: Sie wolle die Alleinverantwortung für die Kindererziehung bis zur Volljährigkeit und außerdem das Recht, ihren Aufenthaltsort frei zu wählen. 1868 sollte sie noch eine weitere Tochter bekommen, die von ihr offenbar am meisten geliebte, in Ungarn geborene Marie Valerie, zu der sie von Anfang an ein enges Verhältnis pflegte.

Nach der Geburt des Kronprinzen hatte sich Elisabeth beinahe eine Dekade lang dem Hofleben weitestgehend entzogen und sich – wegen einer diagnostizierten Lungenkrankheit – dem Reisen hingegeben. Sie aß immer weniger und erlegte sich selbst ein hartes körperliches Trainingsprogramm mit Turnen, Wandern und Reiten auf. Sie litt an Anämie, Sauerstoffmangel im Blut; und dass das Herz, um dies zu kompensieren, umso schneller pumpt, hatte wiederum Luftknappheit, ständige Müdigkeit und Kopfschmerzen zur Folge. Wenn man bedenkt, dass die Kaiserin zudem sehr fest in ihre Korsetts eingeschnürt, mitunter sogar eingenäht war, muss man sich über die Luftknappheit nicht wundern. Heute würde man sagen, dass einige von Elisabeths Leiden psychosomatisch waren – der Husten wurde besser, sobald sie sich von Wien entfernte: 1860/61 reiste die Kaiserin mit zahlreichem Gefolge für sechs Monate nach Madeira, Mann und Kinder ließ sie zurück. Auf der Insel angekommen, pflegte sie bewusst den Müßiggang; ihr Befinden besserte sich; Zeitgenossen berichteten jedoch, dass die Kaiserin weiterhin so gut wie nichts aß.

Elisabeth von Österreich war sich ihres Status' als Repräsentationsfigur, als Objekt, bewusst, und auch wenn sie immer seltener zu offiziellen Anlässen erschien, so musste sie sich nicht nur dem Volk, sondern auch Gästen des Hofes in regelmäßigen Abständen zeigen. Und diese Rolle nahm sie offenbar ernst: Mit knapp 28 Jahren soll Elisabeth bei 172 Zentimetern Größe um die 50 Kilogramm gewogen und ihre Taille auf 51 Zentimeter eingeschnürt haben – sie war also spindeldürr. Aber sie erregte Aufsehen. Durch Diplomaten aus anderen Ländern wurde die Kunde von der märchenhaft schönen Kaiserin verbreitet, so vom amerikanischen Gesandten in Wien, der 1865 an seine Mutter schrieb: »Ihre Schönheit hat sich in diesem Jahre noch entwickelt und ist noch strahlender, berückender, vollendeter geworden.« Und Elisabeths Nichte erinnerte sich in ihren Memoiren: »Sie sah ihre Lebensaufgabe darin, jung zu bleiben und all ihr Sinnen drehte sich um die besten Mittel zur Erhaltung ihrer Schönheit.«

Folgt man der italienischen Psychoanalytikerin Mara Palazzoli, die in den Siebzigerjahren über Magersucht schrieb, so geht es dabei um die Rückgewinnung der Kontrolle über den eigenen Körper, der bei Frauen mehr als bei Männern Objekt ist – in der gesellschaftlichen und in der eigenen Wahrnehmung: Die Anorektikerin lehnt ihre fleischliche Existenz ab; sie entmaterialisiert sich und macht sich damit zum selbst bestimmten Subjekt. Die »Unfleischlichkeit«, wie Palazzoli es nennt, bedeutet die Zurückweisung von körperlichen Prozessen wie Verfettung, Altern, Verfall.

Mitte der 1860er-Jahre, als der Hofmaler Franz Xaver Winterhalter Elisabeth im Sternenkleid mit Diamantschmuck im Haar porträtierte und die Fotografen Ludwig Angerer und Emil Rabending sie mit ihren Hunden ablichteten, fand sie selbst, dass sie auf dem Höhepunkt ihrer Attraktivität war; und sie ließ sich danach nicht mehr fotografieren. Spätere Gemälde und Fotografien zeigen sie mit unverändert jungem Gesicht, sind retuschiert oder Zufallsaufnahmen, auf denen sie hinter Schleiern, Schirmen und Fächern kaum zu erkennen ist. Elisabeth behielt die Kontrolle über die Bilder, die von ihr verbreitet wurden. Diese selbstbewusste Verfügung – ein weiterer Versuch, Subjekt zu sein, wenn man in der Terminologie Palazzolis bleiben mag – trug allerdings zu ihrer posthumen Verkitschung bei, das »Sterndlkleid« und der »Sterndlhaarschmuck« sind an plakativer, prinzessinnenhafter Niedlichkeit kaum zu überbieten und überstrahlen buchstäblich alle Ernsthaftigkeit, die man Elisabeths Gesichtszügen entnehmen mag.

Hinter dem Mythos ihrer Schönheit, den sie selbst kultivierte, verbarg sich eine für ihre Zeit aufgeklärte, politisch und kulturell interessierte Frau, die zumindest die Beziehungen zwischen dem Wiener Hof und Ungarn maßgeblich beeinflusste. Elisabeth sprach Ungarisch; 1867 wurden Elisabeth und Franz Josef in Budapest zum Königspaar gekrönt. Diese Entwicklung hatte die Kaiserin, die vor ihrem Mann die ungarischen Interessen vertrat, befördert; sie garantierte Ungarn einen privilegierten Status innerhalb des riesigen k.u.k. Reiches. Danach allerdings mischte sich Elisabeth nicht mehr in die Politik ein. Ihre enge Freundschaft mit dem ursprünglichen Habsburg-Gegner und späteren Politiker der Doppelmonarchie Gyula Andrássy wird im zweiten und dritten Teil der *Sissi*-Trilogie zu einer melodramatischen Liebesgeschichte umgedeutet, bei der beide Teile schmachtend verzichten.

Elisabeth reiste viel, und sie war eine leidenschaftliche Reiterin: In den 1870er-Jahren ritt sie Hohe Schule und sportlich sehr anspruchsvolle Treibjagden; heute würde man sagen, sie führte ein Leben an der Grenze zum Leistungssport. Im Stummfilm *Kaiserin Elisabeth von Österreich* (1921) tritt Carla Nelsen in der Titelrolle als Zirkusreiterin auf, und Luchino Visconti führte die Kaiserin, wiederum gespielt von Romy Schneider, in *Ludwig* (1973) ebenfalls als Reiterin ein. Kurz darauf schildert Elisabeth ihrem Cousin Ludwig in einem langen Monolog noch einmal ihre Situation am Wiener Hof, als ob Romy Schneider 20 Jahre nach ihrem *Sissi*-Erfolg die eigene Rolle revidieren wollte. Dass dieser Monolog fast ebenso gut auch die Situation

Romy Schneider lässt »Sissis« und ihr eigenes Leben
Revue passieren in *Ludwig II.* (1973)

der Schauspielerin schildert, muss man als Viscontis Beitrag zur Mythisierung beider Frauen betrachten.

Ihr ganzes Leben lang schrieb Elisabeth, die eine große Verehrerin Heinrich Heines war, unter anderen auch politische Gedichte, die sie zur posthumen Veröffentlichung bestimmte, weil sie sich von ihren Zeitgenossen unverstanden fühlte. Nachdem ihre Lieblingstochter Marie Valerie sich 1888 verlobt und ihr Sohn Rudolf kurz darauf Selbstmord begangen hatte, floh Elisabeth buchstäblich vor dem Hofleben und ihrem Ehemann, zu dem sie mit den Jahren ein immer kühleres Verhältnis pflegte. Rastlos reiste sie durch Europa, offenbar unfähig, ihr Altern zu akzeptieren: »Ihre physische Kraft war eben ihre größte Freude – und diese Kraft hat sie verlassen«, schrieb Marie Valerie im Mai 1898 in ihr Tagebuch. Als ein italienischer Anarchist die Kaiserin im September 1898 mit einer Feile erstach, sah zumindest ihre Tochter das als Erlösung an: »Nun ist es gekommen, wie sie es immer wünschte, rasch, schmerzlos, ohne ärztliche Beratungen, ohne lange, bange Sorgentage für die Ihren.«

Elizabeth II. im Jahr ihrer Krönung 1953, porträtiert von Dorothy Wilding

Pflicht und Haltung

Elizabeth II. von England (* 1926)

Verglichen mit ihren Schicksalsgenossinnen aus früheren Jahrhunderten, wurde Queen Elizabeth II. relativ spät, nämlich erst in ihrem 26. Lebensjahr, zur Königin gekrönt. Dennoch ist sie heute die Monarchin mit der längsten Amtszeit in der britischen Geschichte und international die Älteste, die das Amt bekleidet. Dass Elizabeth überhaupt auf dem britischen Thron landen würde, war zunächst unwahrscheinlich. Sie wurde am 21. April 1926, zur Regierungszeit ihres Großvaters George V., geboren und stand an dritter Stelle der Thronfolge: hinter ihrem Onkel Edward und ihrem Vater.

Edward of Wales war noch jung, und man erwartete, dass er regieren, standesgemäß heiraten und einen eigenen Thronfolger zeugen würde. Aber Edward of Wales wurde zwar 1936 zum König gekrönt, dankte jedoch noch im gleichen Jahr ab, um seine Geliebte Wallis Simpson heiraten zu können – die anglikanische Kirche duldete keine Eheschließung zwischen dem König und einer geschiedenen Frau. Kurz darauf bestieg Elizabeths Vater

»Bertie« als George VI. den Thron. Der schüchterne, kränkelnde Mann, der stark stotterte, hatte nicht damit gerechnet, König zu werden. In *The King's Speech* (2010) verkörperte ihn der britische Schauspieler Colin Firth und zeichnete dessen Weg vom gequälten, unsicheren zu einem einigermaßen souveränen Redner nach, der er mithilfe eines Sprachlehrers geworden war. »Berties« energische, später Queen Mum genannte Ehefrau Elizabeth hatte die Anregung zur Sprachtherapie gegeben. Der Film zeigt George VI. als liebevollen Ehemann und Vater seiner beiden Töchter Elizabeth und Margaret, denen er den Drill und die Zwänge seiner eigenen Kindheit ersparen wollte.

Kindheitsfotografien der späteren Queen stammen mitunter von »Bertie«; ein Porträt der dreijährigen Prinzessin in einem üppigen Lilienbeet dokumentiert den Stolz des jungen Vaters auf seine niedliche Tochter, und man denkt, dass der bereits mit 57 Jahren verstorbene König als Fotograf vielleicht glücklicher geworden wäre. Mit der Thronbesteigung von George VI. war klar, dass Elizabeth eines Tages selbst Regentin sein würde, und so bereitete man die junge Prinzessin zunehmend auf ihre Pflichten vor. 1939 begann der Zweite Weltkrieg, und es gab Pläne, die designierte Thronfolgerin und ihre Schwester nach Kanada oder in die USA zu schicken. Das aber ließ Mutter Elizabeth nicht zu. Berühmt geworden ist ihre Stellungnahme: »Die Kinder werden nicht ohne mich gehen. Ich werde nicht ohne den König gehen, und der König wird niemals gehen.«

Also richtete Elizabeth im Jahr 1940 ihre erste offizielle Ansprache über die BBC an die englischen Kinder, die tatsächlich aus den Städten evakuiert worden waren: »Ihr musstet zu Tausenden euer Zuhause verlassen und wurdet von euren Vätern und Müttern getrennt. Meine Schwester Margaret und ich fühlen mit euch.« Während der Kriegsjahre, in denen die königliche Familie von den gleichen Lebensmittelrationen wie das Volk gelebt haben soll, nahmen Elizabeths Eltern unermüdlich Repräsentationspflichten wahr: Besuche in durch Bomben zerstörte Stadtvierteln, in Krankenhäusern, Rüstungsfabriken und an der Front. Elizabeth ging Anfang 1945 zum Heimathilfsdienst (*Auxiliary Territorial Service*), wo sie eine Ausbildung zur Automechanikerin und Kraftfahrerin absolvierte. Eine schöne Szene in *The Queen* (2006) nimmt darauf Bezug und zeigt die bereits 70-Jährige, die, emotional aufgewühlt, mit ihrem Landrover im Schlamm stecken bleibt, aussteigt, einen fachmännischen Blick unters Auto wirft und dann ihre Diagnose per Telefon durchgibt.

Ein anderer Film, *A Royal Night* (2015), erzählt die fiktive Geschichte der Nacht nach dem 8. Mai

1945, dem Tag des Sieges der Alliierten in Europa, als in ganz Großbritannien das Kriegsende gefeiert wurde: Die Prinzessinnen Elizabeth und Margaret erwirken die Erlaubnis, sich unter die fröhlichen Londoner mischen zu dürfen, entkommen ihren Bewachern und landen schließlich in einem Club, in dem sie ausgelassen den heimlich geübten Lindy Hop tanzen. *A Royal Night* ist als fiebrig-nervöser Rausch im Halbdunkel inszeniert, und in die historisch verbürgte Tatsache, dass die Prinzessinnen für einige Stunden das Schloss verlassen durften, ist so viel wie möglich hineingeheimnisst worden. Man würde der beinahe schon monumentalen Queen eine solche Episode in früher Jugend gern gönnen, aber die 19-Jährige war bereits offiziell Stellvertreterin des Königs und hatte entsprechende Pflichten wahrzunehmen; natürlich konnte sie keinen unbeaufsichtigten Schritt tun.

Zwei Jahre später heiratete Elizabeth einen entfernten Verwandten, den Marineoffizier Philip Mountbatten, während England sich im Wiederaufbau befand; noch waren Konsumgüter rationiert, und angeblich hatte die gesamte Königsfamilie ihre Stoffrationsmarken für Elizabeths Brautkleid gesammelt. Braut und Bräutigam kannten sich seit vielen Jahren und waren, wie die Biografen übereinstimmend behaupten, ineinander verliebt. Im November 2017 konnten die 91-jährige Queen und ihr 96-jähriger Prinzgemahl Gnadenhochzeit feiern.

Die Trauungszeremonie in Westminster Abbey wurde von der BBC international direkt übertragen; Fernsehgeräte gab es noch kaum, das Radio war das Medium, das den Menschen die große Welt ins Haus brachte. Und eine Gaumont-British-Wochenschau zeigte einen Zusammenschnitt der Hochzeitsfeierlichkeiten, der Zeit entsprechend mit staatstragendem Kommentar unterlegt. Erstaunlich scheint heute, dass tausende noch unter den Entbehrungen des Krieges leidende Londoner ihrem designierten Königspaar begeistert zujubeln; so uneingeschränkt war offenbar die Beliebtheit der Royals nach dem Ende des Zweiten Weltkriegs.

Nach der Hochzeit setzte Philip seine Karriere in der Marine zunächst fort; er war auf Malta stationiert, und Elizabeth pendelte die nächsten zwei Jahre zwischen London und der Mittelmeerinsel. Charles, das erste Kind des Paares, wurde im November 1948 geboren und von Kinderfrauen und den Großeltern betreut. Viel später sollte er sich bei seinem Biografen Jonathan Dimleby darüber beklagen, dass er zu seinen Eltern nie eine emotionale Beziehung habe aufbauen können. Seine Schwester Anne kam 1950 zur Welt, und auch für sie blieb den Eltern kaum Zeit: Sie übernahmen als Repräsentanten des britischen Königshauses ausgedehnte Reisen in die USA, nach Kanada und in die Commonwealth-Staaten. Und nachdem König George VI. im Februar 1952 gestorben und Elizabeth Königin von England geworden war, hatte das Paar erst recht keine Zeit mehr für die Kinder: Auch die 1960 und 1964 geborenen Söhne Andrew und Edward wurden von Gouvernanten, Hauslehrern und in Internaten erzogen. Auf Anraten ihres ersten Premierministers Winston Churchill beschloss die Queen, dass ihre Kinder und Enkel mit Nachnamen Windsor wie sie selbst und nicht Mountbatten wie ihr Mann heißen sollten. 1960 revidierte sie den Erlass zugunsten des Doppelnamens Mountbatten-Windsor für die Enkelgeneration. Was wie ein feministischer Akt *avant la lettre* anmutet, war allerdings eher auf das angespannte Verhältnis der Windsors zu den Mountbattens zurückzuführen.

Die Krönungsfeierlichkeiten im Juni 1953 wurden weltweit im Fernsehen übertragen, und spätestens von diesem Zeitpunkt an war das britische Königshaus zum Schauplatz einer Seifenoper geworden, wie Prinz Philip sich gegenüber seinem Biografen Gyles Brendreth beklagte. Die ungeheure und ungebrochene Beliebtheit des jungen, attraktiven Königspaars lässt sich mit der Eskapismus-These erklären: Nach dem Krieg und dem Wiederaufbau sehnten sich die Menschen nach Wohlstand, Glanz, Frieden und vielleicht sogar Weltoffenheit und projizierten diese Träume auf Elizabeth und Philip, die immerhin Protagonisten des realen Weltgeschehens waren und nicht Filmfiguren wie die unglückliche »Sisi«, deren verkitschte Biografie zur selben Zeit mit ungeheurem internationalen Erfolg ins Kino kam. Denkt man die Eskapismus-These weiter, kommt man zu dem Schluss, dass die Berichterstattung über die Royals die gleichen Bedürfnisse befriedigt wie bestimmte Filmgenres: Identifikation, Projektion, Kompensation. An dem öffentlichen Interesse, das seit Elizabeths Thronbesteigung dem britischen Königshaus gilt, lässt sich dessen Wandel verfolgen: Seriöse Nachrichten, aus großer Distanz gefilmte oder von Hoffotografen erstellte Bilder und würdevolle Kommentare sind dem Schlüssellochblick, den Spekulationen und dem Hofklatsch gewichen.

Hierzulande gehörten die von der Krönungszeremonie live übertragenen Szenen zu den ersten, die überhaupt von der ARD gesendet wurden. Fortan waren die Royals fester Bestandteil des Programms: 1954 berichtete die ARD von einem Besuch von Elizabeths Schwester, Prinzessin Margaret, beim Bundespräsidenten Theodor Heuss; 1955 von Margarets geplatzter Hochzeit; 1957 von den Reisen der Queen in die USA und nach Frankreich; 1958 vom Besuch des Bundespräsidenten Heuss beim britischen Königspaar. In diesem Jahr gab es bereits zwei Millionen Fernsehgeräte in der

Haltung wahren: Helen Mirren in ihrer Oscar-Rolle als Elizabeth II. in *The Queen* (2006)

Bundesrepublik. Das Königspaar tat seine Pflicht, ließ sich aus der Distanz filmen und fotografieren, vermied jedoch den direkten Kontakt mit der Presse.

Das internationale Medieninteresse am britischen Königshaus schoss um 1980, als Diana Spencer immer öfter mit Prinz Charles gesehen wurde, in vorher ungekannte Höhen. Die britische Yellow Press war Vorreiter der Klatschverbreitung, bei der es nicht mehr um Tatsachen, sondern um Spekulationen ging. Und die weniger selbstbewusste, nicht für ihre Rolle trainierte Diana hatte kaum Möglichkeiten, sich die Pressemeute buchstäblich vom Leib zu halten.

In Stephen Frears' sensiblem Porträt *The Queen* geht es im Grunde um den Konflikt zwischen zwei völlig verschiedenen Arten, mit der Öffentlichkeit umzugehen, repräsentiert durch Queen Elizabeth und ihre gerade tödlich verunglückte Schwiegertochter. Helen Mirren spielt Elizabeth als harte, kühle Frau, die es in ihrer königlichen Würde vermeidet, Gefühl zu zeigen. »Ein Mangel an Mitgefühl kann genauso vulgär sein wie ein Tränenausbruch« ist zwar eine in der Adelsserie *Downton Abbey* (2011–2016) propagierte Haltung der britischen Oberschicht; in *The Queen* ist Elizabeths kühle Zurückhaltung angesichts der öffentlichen Hysterie nach Dianas Tod weniger mangelndes Mitgefühl als Stärke, die sie ihrem Volk schuldig zu sein glaubt. Sie meint, wenn ihr Volk trauere, müsse wenigstens sie die Fassung wahren.

Interessanterweise ist es im Film ausgerechnet der Labour-Premierminister Tony Blair – »Sie sind mein Zehnter«, sagt die Queen bei seiner Antrittsaudienz ungerührt –, der sie davon überzeugen kann, nach London zurückzukehren statt sich in Schottland zu verschanzen, gegen alle Regeln die Fahne über dem Buckingham Palast auf Halbmast zu setzen, eine Fernsehansprache an die britische Bevölkerung zu halten und damit schließlich einen Umschwung der öffentlichen Meinung, repräsentiert durch die Boulevardpresse, zu erreichen. In *The Queen* bricht ein kleines Mädchen den Bann, mit dem die öffentliche Meinung sie belegt hatte, und überreicht ihr, als sie schließlich mit Philip die vor dem Buckingham Palace aufgeschichteten Blumenberge abschreitet, selbst einen Strauß: »Die sind für dich.« Da tupft die Queen ein Tränchen weg. So werden Mythen gebildet.

Queen Elizabeth, das wurde spätestens in den Achtzigerjahren deutlich, ist ein Relikt aus einer vergangenen Zeit – bescheiden, pflichtbewusst, realitätsfern und dann in ihrer Coolness doch auch wieder *up to date*. Unerschütterlich und sicher auch ein bisschen starr, hat sie – in bonbonbunten Kleidern und Hüten – dem Wandel der Zeiten getrotzt. Sie lächelt und schüttelt Hände, verteilt

Orden und reist nach wie vor durch die Länder des Commonwealth, sie eröffnet Kunstgalerien und nimmt Militärparaden ab, besucht Gedenk- und Wohltätigkeitsveranstaltungen. Im Jahr 2012 feierte sie ihr 60. Thronjubiläum und 2016 ihren 90. Geburtstag. Sie hat inzwischen 14 britische Premierminister mit der Regierungsbildung beauftragt und – ohne eine Miene zu verziehen – jede Menge Popstars und Filmschauspieler geadelt. Sie hat sich sogar mit den Ehescheidungen und Wiederverheiratungen ihrer Kinder abgefunden. Und wann immer sie kann, kümmert sie sich um ihre Hunde. Seit 2016 läuft die britische Fernsehserie *The Crown*, die Elizabeths Thronbesteigung als Beginn einer neuen Ära feiert und in zukünftigen Staffeln ihre Biografie fortschreiben will: Realität und Fiktion sind endgültig verschmolzen.

Literatur und Filme

Elizabeth I. von England

Literatur

Elizabeth A. Ford und Deborah C. Mitchell, *Royal Portraits in Hollywood: Filming the Lives of Queens.* Lexington, Kentucky 2009

Filme

The Private Lives of Elizabeth and Essex/Günstling einer Königin (USA 1939), R: Michael Curtiz, D: Bette Davis, Errol Flynn, Olivia de Havilland

Young Bess/Die Thronfolgerin (USA 1953), R: George Sidney, D: Jean Simmons, Stewart Granger, Deborah Kerr, Charles Laughton

The Virgin Queen (USA 1955), R: Henry Koster, D: Bette Davis, Richard Todd und Joan Collins

Elizabeth R (GB 1971), R: Roderick Graham, Donald McWhinnnie, Claude Whatham, Herbert Wise, Richard Martin, D: Glenda Jackson

Elizabeth (USA 1998), R: Shekhar Kapur, D: Cate Blanchett, Geoffrey Rush, Christopher Eccleston, Joseph Fiennes, John Gielgud, Richard Attenborough

Shakespeare in Love (USA 1998), R: John Madden, D:

Gwyneth Paltrow, Joseph Fiennes, Geoffrey Rush, Colin Firth, Ben Affleck, Judi Dench

Elizabeth – The Golden Age (USA 2007), R: Shekhar Kapur, D: Cate Blanchett, Geoffrey Rush, Clive Owen

The Other Boleyn Girl (USA 2008), R: Justin Chadwick, D: Natalie Portman, Scarlett Johansson, Eric Bana

Maria I., Königin von Schottland

Literatur

Sylvia Jurewitz-Freischmidt, *Krone und Schafott: Maria Stuart und Elisabeth I. – eine Doppelbiographie.* Gernsbach 2008

Stefan Zweig, *Maria Stuart.* Berlin 2013 (Erstveröffentlichung Wien 1935)

Filme

Mary of Scotland/Maria von Schottland (USA 1936), R: John Ford, D: Katharine Hepburn, Florence Eldridge, Fredric March

Das Herz der Königin (D 1940), R: Carl Froelich, D: Zarah Leander, Maria Koppenhöfer, Willy Birgel

Mary, Queen of Scots/Maria Stuart, Königin von Schottland (UK 1971), R: Charles Jarrott, D: Vanessa Redgrave, Glenda Jackson, Nigel Davenport

Mary Queen of Scots (CH/F 2013), R: Thomas Imbach, D: Camille Rutherford, Sean Biggerstaff

Christina, Königin von Schweden

Literatur

Veronica Buckley, *Christina. Königin von Schweden. Das rastlose Leben einer europäischen Exzentrikerin.* Frankfurt/ Main 2005

Elizabeth A. Ford und Deborah C. Mitchell, *Royal Portraits in Hollywood: Filming the Lives of Queens.* Lexington, Kentucky 2009

Charlotte Ueckert, *Christina von Schweden: Ich fürchte mich nicht.* Berlin 2016

Filme

Queen Christine (USA 1933), R: Robert Mamoulian, D: Greta Garbo

The Abdication (UK 1974), R: Anthony Harvey, D: Liv Ullmann

The Girl King (D/FIN/CAN 2005) R: Mika Kaurismäki, D: Malin Buska

Katharina II. von Russland

Literatur

Elizabeth A. Ford und Deborah C. Mitchell, *Royal Portraits in Hollywood: Filming the Lives of Queens.* Lexington, Kentucky 2009

Katharina II. von Russland, *Erinnerungen der Kaiserin Katharina II. Von ihr selbst geschrieben.* Halle 2007

Reinhold Neumann-Hoditz, *Katharina die Große.* Reinbek bei Hamburg, 1988

Filme

The Rise of Catherine the Great/Katharina die Große (UK 1934), R: Paul Czinner, D: Elisabeth Bergner

The Scarlett Empress/Die große Zarin (USA 1934), R: Josef von Sternberg, D: Marlene Dietrich

Caterina di Russia/Katharina von Russland (I/F/YU 1963), R: Umberto Lenzi, D: Hildegard Knef

Catherine the Great/Katharina die Große (D/Ö/USA 1996), R: Marvin J. Chomsky, John Goldsmith, D: Catherine Zeta-Jones

Caroline Mathilde, Königin v. Dänemark u. Norwegen

Literatur

Maria Helleberg, *Und sei es bis zur Hölle.* Frankfurt 1995

Robert Neumann, *Der Favorit der Königin.* Stuttgart 1985 (Erstausgabe 1935)

Carolin Philipps, *Königin Caroline Mathilde von Dänemark. Die Geliebte des Leibarztes.* München/Zürich 2005

Filme

Die Liebe einer Königin (D 1923), R: Ludwig Wolff, D: Henny Porten

The Dictator/Mein Herz der Königin (UK 1935), R: Victor Saville, D: Madeleine Carroll

Herrscher ohne Krone (BRD 1957), R: Harald Braun; D: Odile Versois

En kongelig affære/ Die Königin und der Leibarzt (DK 2012), R: Nicolaj Arcel; D: Alicia Vikander

Eine königliche Affäre – Das riskante Leben des Leibarztes Johann Friedrich Struensee (Doku-Fiktion, D 2012), R: Wilfried Hauke, D: Emily Cox

Marie Antoinette, Reine de France

Literatur

Benedetta Craveri, *Marie Antoinette und die Halsbandaffäre*. Berlin 2015

Antonia Fraser, *Marie Antoinette – The Journey*. New York, 1. Auflage 2002

Stefan Zweig, *Marie Antoinette. Bildnis eines mittleren Charakters*. Frankfurt, 1. Auflage 1980 (Erstveröffentlichung Leipzig 1932)

Filme

Marie-Antoinette (USA 1938), R: W.S. van Dyke, D: Norma Shearer, Tyrone Power

Marie-Antoinette (F 1956), R: Jean Delannoy, D: Michèle Morgan, Richard Todd

Das Halsband der Königin (USA 2001), R: Charles Shyer, D: Hilary Swank als Jeanne de la Motte-Valois

Marie Antoinette (USA 2006), R: Sofia Coppola, D: Kirsten Dunst, Jason Schwartzman

Lebe wohl, meine Königin (F 2012), R: Benoit Jacquot, D: Léa Seydoux als Sidonie Laborde und Diane Kruger als Marie Antoinette

Luise von Preußen

Literatur

Christine Gräfin von Brühl, *Die preußische Madonna. Auf den Spuren der Königin Luise.* Berlin 2010

Günter de Bruyn, *Preußens Luise. Vom Entstehen und Vergehen einer Legende.* Berlin 2001

Philipp Demandt, *Luisenkult. Die Unsterblichkeit der Königin von Preußen.* Köln 2003

Heinz Ohff, *Ein Stern in Wetterwolken. Königin Luise von Preußen.* München 1992

Sibylle Wirsing, *Die Königin. Luise nach zweihundert Jahren.* Berlin 2010

Luise. Kleider für die Königin. Mode, Schmuck und Accessoires am preußischen Hof um 1800, hrg. von der Stiftung Preußische Schlösser und Gärten, München 2010

Filme

Der Film von der Königin Luise (D 1912), R und Buch: Franz Porten, D: Hansi Arnstaedt, Walter Steinbeck, Lina Salten

Luise, Königin von Preußen (D 1931), R: Carl Froelich, D: Henny Porten, Gustaf Gründgens, Paul Günther
Königin Luise, Liebe und Leid einer Königin (BRD 1957), R: Wolfgang Liebeneiner, D: Ruth Leuwerik, Dieter Borsche, Bernhard Wicki, René Deltgen, Hans Nielsen, Charles Regnier
Scharnhorst, Preußens General und Heeresreformer (DDR 1978), R: Wolf-Dieter Panse, D: Horst Drinda, Ezard Haußmann, Hans Teuscher, Regina Beyer, Eberhard Esche, Friedo Solter
Luise – Königin der Herzen (D 2009), R: Georg Schiemann, Buch: Daniel Schönpflug, D: Luise Bähr u. a.

Victoria, Königin von England

Literatur

Herbert Tingsten, *Königin Viktoria und ihre Zeit.* München 1997
Karina Urbach, *Queen Victoria. Eine Biografie.* München 2011

Filme

Mädchenjahre einer Königin (D 1936), R: Erich Engel, D: Jenny Jugo
Mädchenjahre einer Königin (Ö 1954), R: Ernst Marischka, D: Romy Schneider
Ihre Majestät Mrs. Brown (UK 1997), R: John Madden, D: Judi Dench

Victoria & Albert (UK 2001), R: John Ermann, D: Victoria Hamilton, Jonathan Firth, Sir Peter Ustinov, Nigel Hawthorne

Young Victoria (UK 2009), R: Jean-Marc Vallée, D: Emily Blunt, Rupert Friend, Jim Broadbent, Miranda Richardson

Victoria (UK 2016), R: Tom Vaughan, Sandra Goldbacher, Oliver Blackburn, D: Jenna Coleman

Victoria & Abdul (UK 2017), R: Stephen Frears, D: Judi Dench

Elisabeth von Österreich-Ungarn

Literatur

Brigitte Hamann, *Elisabeth – Kaiserin wider Willen.* München 2002/2012

Filme

Kaiserin Elisabeth von Österreich (D 1920), R: Rolf Raffé, D: Carla Nielsen, Nils Jensen

Ludwig II. – Glanz und Ende eines Königs (BRD 1955), R: Helmut Käutner, D: O. W. Fischer, Ruth Leuwerik

Sissi (Ö 1955), R: Ernst Marischka, D: Romy Schneider, Karlheinz Böhm

Sissi, die junge Kaiserin (Ö 1956), R: Ernst Marischka, D: Romy Schneider, Karlheinz Böhm

Sissi – Schicksalsjahre einer Kaiserin (Ö 1957), R: Ernst Marischka, D: Romy Schneider, Karlheinz Böhm

Ludwig/Ludwig II. (I/F/BRD 1973), R: Luchino Visconti, D: Helmut Berger, Romy Schneider

Elizabeth II. von England

Literatur

Sarah Bradford, *Elizabeth II. Ihre Majestät die Königin. Die Biographie.* Bergisch-Gladbach 1996

Gyles Brandreth, *Philip und Elizabeth.* München 2005

Elizabeth II. – Ein Leben auf dem Thron. Ihr Erinnerungsalbum. München 2011

Filme

The Queen/Die Queen (UK 2006), R: Stephen Frears; D: Helen Mirren

The King's Speech/The King's Speech – Die Rede des Königs (UK 2011), R: Tom Hooper, D: Freya Wilson

A Royal Night/A Royal Night – Ein königliches Vergnügen (UK 2015), R: Julian Jarrold; D: Sarah Gadon

The Crown (UK 2016/17), R: Stephen Daldry u.a., D: Claire Foy

Zum Weiterlesen …

Simone Frieling
Rebellinnen
Hannah Arendt, Rosa Luxemburg und Simone Weil

blue notes 76, 144 Seiten
Abb., Halbleinen
Fadenheftung
ISBN 978-3-86915-170-0

Hannah Arendt, Rosa Luxemburg und Simone Weil – drei Kämpferinnen für die Freiheit, die bis heute nichts von ihrer Faszination verloren haben, vorgestellt in Einzelporträts von Simone Frieling. Alle drei waren sensibel, selbstbewusst und begabt, stammten aus assimilierten jüdischen Familien und wuchsen mehrsprachig auf. Modern und aufgeklärt stellten sie sich den großen sozialen, politischen, philosophischen und religiösen Fragen ihrer Zeit und handelten kompromisslos nach ihrer Überzeugung.

Annette Seemann
Ich bin eine befreite Frau
Peggy Gugenheim

blue notes 74, 144 Seiten
Abb., Halbleinen
Fadenheftung
ISBN 978-3-86915-159-5

Annette Seemann beleuchtet den unkonventionellen Lebensweg der Peggy Guggenheim, ihren Aufstieg zur Mäzenin, Kunstikone und bedeutendsten Galeristin des 20. Jahrhunderts. Ein außergewöhnliches, eigenwilliges Frauenleben, geprägt von Schicksalsschlägen, turbulenten Ehen, leidenschaftlichen Affären und Beziehungen zu einigen der größten Künstler der Zeit, wie Samuel Beckett, Max Ernst und Jackson Pollock.

– www.ebersbach-simon.de –

Bildnachweis

INTERFOTO/Mary Evans/RKO RADIO PICTURES/Ronald Grant Archive: 31; INTERFOTO/NG Collection: 91; INTERFOTO/UIP Universal Pictures International: 20; National Portrait Gallery, London/Dorothy Wilding: 118; picture alliance/akg-images: 52; picture alliance/ dpa: 62, 126; picture alliance/Everett Collection: 99, 116; picture alliance/Mary Evans Picture Library: 73; ullstein bild – United Archives/World History Archive: 38; wikimedia commons: 10, 22, 34, 46, 58, 70, 82, 94, 106.

1. Auflage 2018

Umschlaggestaltung: Lisa Neuhalfen, moretypes, Berlin
Cover: Elizabeth II © William Hustler und Georgina Hustler/National Portrait Gallery London
Satz: Birgit Cirksena · Satzfein, Berlin
Druck und Bindung: GGP Media GmbH, Pößneck
Printed in Germany
ISBN 978-3-86915-142-7
www.ebersbach-simon.de